Yahoo! JAPANの
ビッグデータと
AIが教える

21世紀の投資戦略

岡田克彦
Katsuhiko Okada

講談社

Ｙａｈｏｏ！ ＪＡＰＡＮのビッグデータとＡＩが教える21世紀の投資戦略

まえがき――「これで日本の金融界を支配できるで！」

「ちょっとみんな、集まってくれるか？」――パソコンの並んだオフィスで私は呼びかけました。

しかし、ほかの五人は口々にいいます。「あとでも、ええですか？」「こっちも、ちょっと手が離せないです」……。

金融市場の研究者である私のほか、会社に属しているのは、AI（Artificial Intelligence：人工知能）の研究者、アルゴリズムの実装技術者に金融の実務家と、その道を究めたエキスパートばかり。取り換えが利《き》かないほど難しい仕事をしているのだから、私は普段、集合を呼びかけるようなことはまずしません。

しかし、このときばかりは違っていました。ディスプレイに次々と映し出される解析結果を、私はどうしても社員全員で共有したかったのです。

「ええから、すぐ来てよ！　ヤフー・ジャパンのビッグデータの結果が、いま出てるねん」

私の大声に驚いた五人が「それを先にいってくださいよ」などと口にしながら、慌《あわ》てて私の周りに集まります。そして画面上に展開されるグラフを目にするや、「すげえ」とか「ごっついな」「ホンマかいな、これ」、あるいは「黄金がゴロゴロ眠っているようなものですね」などと、それぞれが感想を口にしました。

実際、私たちの会社が独自に収集して使っていたデータとヤフーのデータとでは、投資モデルに代入して解析した結果の精度が段違いでした。それだけヤフーのデータが優れていたのです。

これからの可能性の大きさに思いを馳《は》せ、気分が高揚した私は、解析が完了していないのに、興奮のあまり次のようなことを口走ってしまいました。

「よっしゃ、これで日本の金融界を支配できるで！」

冗談めかした調子でいったつもりだったのですが、誰も笑いません。それどころか、みな、そうだそうだという感じで、うなずいているのです。

そうして私たち六人は、小さなオフィスで、画面上に流れるビッグデータの解析が完了するまでのあいだ、固唾《かたず》を呑《の》んで、無言のまま、画面を凝視し続けていました――。

一九八〇年代に金融の世界で働き始めた私は、その後、アメリカ、日本、シンガポールというように、戦いの場を変えながらも、そこにどっぷり浸かってきました。そして二〇〇一年に一度足を洗って、翌年四月から大学院で金融経済学（ファイナンス）の勉強を始めました。ちなみにファイナンスとは、投資家の投資行動、企業の資本構成、金融資産の価格形成などを、理論的・実証的に研究する経済学の一分野のことです。

その後、関西《かんせい》学院大学の教授になって参加した国家研究プロジェクトでＡＩと出会い、その可能性は金融のあり方を大きく変えると確信します。そして二〇一一年、マグネマックス・キャピタル・マネジメント（Magne-Max Capital Management：ＭＭＣ）という会社を創業しました。ＭＭＣは、株式を運用するためのＡＩを開発し、それに基づく株の運用助言を行う投資助言会社です。

創業当時は「クローリング」という手法で独自にデータを収集していました。ネット上に散らばって存在する金融や企業のニュースを、ＡＩで自動的にかつ大量に入手するというものです。その手法で地道に集めたデータを分析し、銘柄の選定を行っていたのです。

ところが二〇一五年、ヤフーと資本・業務提携を決めてから、状況が一変します。ヤフーが提供するデータによって、私たちのモデルは、分析精度を飛躍的に上げることができたのです。

ヤフーのビッグデータを使用できるということは、私たちのＡＩのレベルアップや他社との差別化を含めて、技術面・運用面でプラスであることは当然です。

しかし、それ以上にプラスだったのがメンタル面です。パートナーができたという充実感や安心感があったのはもちろん、これまで改良を重ねてきたモデルの方向性に間違いがなかったことを確認できたことで報われましたし、自信も得られました。と同時に、これだけ凄《すご》いものが手に入り、今後ずっと使えるという喜びや手応えがあったのです。

メンタルが左右するという意味では、まさに株価の動きがそれに当たります。株価を読むという行為は、いわば大衆の動きを予測するゲームといえるでしょう。

トレーダー、ディーラー、アナリストをはじめとした金融のプロたちは、銘柄の基礎的な情報を調べたり、国内外の投資家の言動を追ったりと、いろいろな方法でデータを得て、大衆の動きを予測しようと日々努力しています。

ところが縦割り行政ではありませんが、こうしたプロたちは、大手証券会社のなかの部署や部門ごと、さらには個人ごとに動いているので、広い視点が抜け落ちたりすることが多いのです。

それに対して、ヤフーの一日の利用者は約九三〇〇万ＤＵＢ（ヤフーのサービスを閲覧《えつらん》するために一日に利用されたブラウザーの数。スマートフォンにおいて、ブラウザーとアプリの両方を通じて閲覧した場合は重複カウント）なので、今日この瞬間、延べ九三〇〇万人が何に興味を持っているかが、高い可能性で分かります。

金融業界はこれまで規制によって最も守られてきた業界でしたが、今後は混乱することになるでしょう。そうすれば、これまでオフィスにこもって株価を予想していただけのファンドマネージャーたちの多くは、失職するに違いありません。そして、ＡＩに取って代わられていくことでしょう。

ファンドマネージャーは金融機関でエリートとされていますので、まさかと思われる読者が多いかもしれません。しかし、今後そうなっていくことは確実だと思います。

彼らは日ごろ、証券アナリストが会社を訪問して書いたレポートを読んだり、ＦＲＢ（Federal Reserve Board：連邦準備制度理事会。アメリカの中央銀行に当たる組織）の動向や為替《かわせ》の動きといった情報を参考にしたりして、どの銘柄が上がるのか、または下がっていくのかを決めていきます。しかし、いかにプロといえども、複数の要因を同時に判断するのは困難です。人間の頭で考えられる変数は、せいぜい二つが限界でしょう。

一方、ＡＩはどうでしょうか。大半のファンドマネージャーが行っている判断を、データさえあれば、人間よりずっと上手にこなします。また感情を抜きに、確率的に良いと思われる取引を継続的にすることも得意です。

たとえば株式市場には「三空《さんくう》」という言葉があります。これは上げ相場の場合、「前日の株価よりも高く始まり、一度も前日の値段まで下げない状態が三日間続くこと」を指します。こうした状態だと相場も過熱しているので、その勢いに惑わされずに慎重になるようアドバイスする際に使う言葉です。すると、人間なら四日目には弱気な判断をするかもしれませんが、ＡＩは、そんな感情に惑わされません。

さらに、ファンドマネージャーが普段、分析の対象としない、ありとあらゆる情報についても、データさえ整備できれば分析可能です。

お金の運用は、スポーツのように、人間がやるからこそ意味があるというものではありません。機械であれ人間であれ、より収益率が高い判断をするほうが、利用者にとっては価値があります。とすると、どちらを信用するかとなれば、答えは出ているのではないでしょうか。

日本人の考えていることが、かなり高い可能性で見通せる稀有《けう》なヤフーのビッグデータをＡＩで解析し、確率的に良い投資はできないか、それを常に研究しているのが私たちの会社です。

バブル崩壊の強烈な体験が日本人を萎縮《いしゅく》させたため、資本市場へ参加することを身近に感じられないという人が多いと思います。しかし実は、銀行に貯蓄するよりも株式の投資信託に積み立てて運用するほうが、お金は着実に増えていきます。

それでいて、ギャンブルのようにどっと増えたり、すべてを失うほどの損失があったり、そんなケースはありません。株式の投資信託にお金を積み立てることは、お金に働いてもらうことだからです。

投資の神様と崇《あが》められているウォーレン・バフェット氏もいっています。「過去も将来も株式チャートの上げ下げや金融評論家の分析に頼るのではなく、優良な株式資産を長期に持ち続けることが大切です」と。また、こうもいっています。「長期にわたって国債を持つことのほうが、株式を持つことよりもリスクが高い場合もあります」――絶対安全と思って預金しかしない、国債しか買わないという人は、考え直したほうが良いかもしれません。

月々無理のない範囲で積み立てることで、二〇年後に一億円を作ることも、計算上、可能なのです。

ＡＩが投資信託や株とどう関係しているのか、そもそもＡＩとはどういったものなのか、お金に働いてもらうとはどういうことなのか、さらには、どうして一億円をゲットできるのか……これから順を追って説明していきましょう。

目次◉Ｙａｈｏｏ！　ＪＡＰＡＮのビッグデータとＡＩが教える21世紀の投資戦略

第❶章 AIを使ってお金に働いてもらう方法

第❷章　顔認証と株価予測の大違い

第3章　AIが株価を予測する仕組み

第4章　長期では銀行預金より確実に優位な株式投資

第５章　凄腕トレーダーvs.ＡＩ

第6章　心と株価に存在する季節性

第1章

AIを使ってお金に働いてもらう方法

一億円を作ることを可能にするＡＩの説明に入る前に、私の自己紹介をしたいと思います。

ＡＩの可能性については、多くの識者の語るとおりですが、ＡＩを使って資産運用や投資をすることについては誤解も多いように思います。ＡＩブームに乗っかって多くの投資商品も出てきていますが、玉石混淆《ぎょくせきこんこう》の感は否《いな》めません。

そこで私のことを知っていただいて、「ああ、こういう人間が開発しているのか」と納得してもらってからのほうが、理解が深まると思いました。

バブル期の銀行を辞めた理由

私は、一九八五年に大学を卒業し、その後、日本の銀行に三年勤務しました。就職したときは円高不況でしたが、銀行の証券部門や国際部門は拡大に次ぐ拡大をしていた時期でした。そのせいか、通常、新入社員は支店勤務から始めるのですが、いきなり為替を扱う国際部に配属され、為替ディーラー（金融機関で外国為替取引を担当する人）の使い走りのような仕事から始めることになりました。

そのうち、通貨スワップ（異なる通貨間で未来の金利と元本を交換する取引）という仕事を任せられるようになります。時々刻々と変わるマーケットの数値から、顧客の取引レートを計算して決めるというのが仕事の内容です。このように、新入社員のときからマーケット関係の仕事ばかりで、融資や窓口業務など、銀行員としての基礎的な経験はほとんど積めずにいました。

一九八七年のブラックマンデー（一九八七年一〇月一九日の月曜日にニューヨーク株式市場を襲った大暴落）も難なくやり過ごした当時の日本経済は、株式や不動産価格が上昇し始め、まさに怖いものなしのバブル経済の真《ま》っ只中《ただなか》にありました。そのため、多くの外資系金融機関がジャパンマネーを目当てに、東京に集まってきました。

当時の日本の銀行は外資系金融機関の上得意顧客、つまり、すごく儲《もう》けさせてくれるお得意さんのなかのお得意さんでした。そのため、スワップディーラー同士のパーティのようなところによく招かれました。

そこで私は、アメリカでは実務を経験してから大学院に進むのが当たり前で、多くの専門職が経営学修士号（ＭＢＡ）を取ってからキャリアアップするという事実を知り、自分も進学したいものだと憧《あこが》れるようになりました。

そんななか、銀行の留学制度があり、私はそこに応募します。まずは語学学校に派遣され、それから留学に必要なアメリカの共通テスト対策をする予備校にも通わせてもらいました。が、やっている途中で、もういっそのことアメリカで就職しようと考えるようになります。私が勤めていた銀行では、社費留学すれば「一五年は辞めない」という誓約書を書かされるので、合格通知が届くのを待って、銀行を辞めました。

もちろん社費留学であれば、給料も出ますし学費も払ってもらえるのですが、卒業後はアメリカに永住するくらいのつもりでしたので、まったく迷いはありませんでした。特に、銀行員時代に、「仕事なんだから面白くなくて当たり前」「どこに行っても楽しい仕事なんてあるはずない」「うちは給料が良い……だから他社に転職して後悔している奴は多い」などといわれ続けており、その反発で環境を変えたいという思いが人一倍強かったのです。

当時、印象的だったのは、会社派遣でＭＢＡを取って帰ってきた上司が、まったく理論的でも戦略的でもなかったことです。それどころか、上司や大蔵省（現・財務省）の顔色をうかがうのが仕事といった雰囲気で、興醒《きょうざ》めしました。

銀行は経済の中枢を担っているのですが、伝統的な銀行の体質は、むしろ次世代の日本を作っていくときには役に立たないのではないかと思います。のちにヤフーと提携するときに、「日本の金融業界を変えることで社会貢献したい」という使命感のようなものが芽生《めば》えてきたのは、こうした経験と無関係ではないと思います。

アメリカの大学院でファイナンス（金融経済学）を二年間勉強して、MBAを取得しました。このときには、トレーダー（金融機関で株式や債券などの取引を仲介する人）で生きていこうという意志がすでに固まっていたので、モルガン・スタンレー（Morgan Stanley、以下モルガン）のニューヨーク本社に就職しました。

アメリカの投資銀行の本当の厳しさ

二度目の就職活動では、ゴールドマン・サックスやシティコープ（現・シティグループ）など三〇社ほどにレジュメ（履歴書）を送りました。当時は日本人留学生も多くいましたが、多くの留学生が企業派遣であったため、就職市場に参戦していく日本人は多くはありませんでした。今後ますます重要になると思われていた日本市場に対応するうえで、スワップディーラーの経験があり、日本語が流暢《りゅうちょう》である（当たり前ですが）という点が評価され、モルガンに入社できたというわけです。

アメリカの就職試験の一次面接は、会社の担当者が大学院へ出向いて実施します。それを通過すると、本社に呼ばれて二次面接を受け、最終面接まで数回本社に呼ばれたあと、入社となります。

そうして入社したモルガンで働いた感想は、「雑務が少ない」ということです。業績好調の国際アービトラージ部（国際市場間の裁定取引を行う部署）に配属されて、上場オプション（特定の上場銘柄を、期日までに定められた価格で行う取引）を担当することになりましたが、トレーディングに関する以外の仕事は、すべてバックオフィス（事務・管理業務などを担当し、後方支援を行う部門）の人間がやってくれたので、専門的な仕事に集中できたのです。

アメリカの投資銀行は、とてもドライな組織です。利益を出してさえいれば、その部署にはうるさくいわない反面、駄目となればすぐにクビにする。しかも本人が駄目な場合に限らず、自分の部署が成績を残せない場合もクビになるから厄介《やっかい》です。

私の同期にハーバード大学大学院を卒業して入社してきた者がいましたが、彼はワラント（新株予約権証券）を担当して結果を出せず、一〇ヵ月ぐらいでクビになってしまいました。ワラント部門は前年までは儲かっていたのですが、私たちが入社した一九九〇年から日本の株価が急速に下落し始めたことが大きく影響し、利益を上げられなくなってしまったのです。気の毒なことに、その煽《あお》りを受けてのクビでした。

同期だということは、私が彼に代わってワラント部門に配属され、クビになっていた可能性もあったわけです。実力だけでなく運が大きくものをいう……これがアメリカの投資銀行です。

ヘッジファンドの殿堂に鍛えられる日々

モルガンに入社したあと、私はまず、ヘッジファンド（あらゆる手法を使い、相場の上下にかかわらず収益を追求するファンド）のセールストレーダーを担当しました。このときにポール・チューダー・ジョーンズさんという激しい取引をするクライアント（顧客）の取り次ぎをすることになって、ずいぶんと鍛えられました。

チューダーさんは、ヘッジファンドの大手会社であるチューダー・インベストメント（Tudor Investment Corp.）の創設者で、業界専門誌『アルファ・マガジン』が選出する「ヘッジファンドの殿堂」にも名前を連ねる実力者です。

当時は、日経平均株価（東証一部上場の銘柄から日本経済新聞社が選んだ二二五銘柄の平均株価）が下がり始めていた時期ですが、チューダーさんはニューヨークよりも東京をメインに考えていました。私はチューダーさんの注文をつなぐ担当です。

ただ現在のように、パソコン画面に日経平均株価の動向がリアルタイムで映し出される時代ではありません。業界で最も厳しい要求を出すチューダーさんの要望に、電話で応えなければならないので、ひとときも気を抜くことができず、まさに手に汗を握る毎日でした。

モルガンには大阪支店があって、女性スタッフが「三万八五〇〇円に一〇〇枚買い、三万八五一〇円に二〇〇枚売り」というように刻々と変わる状況を日本語で読み上げて、そのアナウンスが東京支店とニューヨーク本社にシェアされます。私は、大阪のアナウンスを同時通訳で電話の向こうにいるチューダーさんに伝えるわけです。

「FUCK!」――怒りの電話

チューダーさんは「いま売り板はどうなっている?」「いま買い板はどうなっている?」と、秒単位で訊いてきます。「板」とは売り買いの注文の状況を知るためのツールのことを指します。

あるとき私は慌てて、「買い板一〇〇枚、売り板一五〇枚」のところを「二〇〇枚買い、二五〇枚売り」と間違って伝えてしまいました。空売り（証券会社から株を借りて売り、買い戻すことで利益を得る取引）を得意とするチューダーさんにとって、板状況は重要情報です。すぐにそのミスがバレてしまって、「FUCK！」という単語があらゆる名詞に付いているような抗議の電話が上司のところにかかってきました。上得意顧客のあまりの剣幕に、このままクビにされるのではないかと思ったほどです。

だけどこれは、決して珍しいことではありません。目まぐるしく変化する株価の情報を一日中伝えるなかで、突然チューダーさんは、「JGB（Japanese Government Bond：日本国債）はどうなっている？」とか「この動きをどう思う？」というような質問を何の予告もなしにしてくるのです。このような質問にも答えながら、大阪から来る情報も伝える。これが毎日なので、とても疲弊《ひへい》し、ストレスのあまり大きな口内炎ができたのを覚えています。

トレーディングフロア（株などが売買される場所）というのは、動物園のようなところで、あちこちで人が叫んでいます。そして、「注文が遅れた」「客が損をした」「マーケットが予想どおりに動かない」など、いろいろな理由で溜まった鬱憤《うっぷん》を、モノに当たり散らしたりしているのです。パソコンのキーボードや電話機もよく飛んできて壊れました。

こういう生活が半年ぐらい続いたあと、東京でプロップトレーダー（会社の自己資本を使った取引をするトレーダー）をやらせてくれるという異動の話が舞い込み、モルガン東京支社の配属になりました。

実績が認められて東京に異動したというよりも、チャンスを与えられたのです。これは誰にでも一回は与えられるチャンスでした。そこで結果を出せなければ、すなわちクビです……。

ギャラに関しては日本的なモルガン

東京に戻ってきたのが一九九〇年後半で、二七歳になっていました。大学を卒業してからの五年間で、人生の方向性が決まりました。

モルガン東京支社ではプロップトレーダーとして、日経二二五オプション（日経平均株価二二五銘柄を商品としたオプション取引）と株価指数の先物取引（期日に商品を取り決めた価格で売買することを約束する取引）とバスケット取引（複数の銘柄を一括で売買する取引。パッケージ取引）などを扱いました。

チューダーさんは世界の株価指数先物を激しく取り引きしていましたが、新米の私には、そんな大きな相場を張ることは許されていません。中心となるのはアービトラージ、つまりは理論価格から乖離《かいり》したミスプライス（市場が間違って付けてしまった価格）を見つけ、すばやく反応し、利益を出すことです。当時の日本市場は、流動性が高いわりにはミスプライスが多く、ある意味、美味《おい》しい仕事でした。アービトラージで得た資金をバッファー（余力）として、許されるリスクいっぱいまで相場を張って、利益を出していきました。

私の配属されたトレーディング部門は、多額の利益を叩き出していました。世界的にマーケットが沈滞しているなか、バブル崩壊が起こっていた日本市場で、全世界のモルガンのトレーディング利益の半分を、東京のチームが稼《かせ》いでいたのです。

モルガンでは各トレーダー別に損益を分別管理していましたので、私がいくら儲けたか、数字ではっきり出てきます。月間で損失を出したことはなく、満足した成績を残せたと思っています。

こうして年度の終了時、自分の成績と照らし合わせ、ニューヨーク本社から来たボスと翌年のギャラ交渉をします。プロ野球の契約更改のようなものです。

ボスは儲けている社員には、「コングラチュレーション、おめでとう！」と笑顔と握手で迎えてくれるのですが、いざボーナスの話になると、期待していた数字が出てきません。

自分が妥当だと思う金額を主張すると、諭すように「差額はモルガンに貯金していると思いなさい。この差額は必ず返ってくるから」というわけです。

アメリカの会社はロジカルに交渉するというイメージがありますが、一流投資銀行は、報酬に関しては、日本的な考え方をする傾向が強い。当時、日本市場はとても儲けやすい市場でしたので、美味しい仕事は外国人（アメリカ人など）が独占しており、新人で下《した》っ端《ぱ》の日本人の私は、「小さなリスク許容度の範囲で頑張れよ」という雰囲気なのです。

私には、そうした企業文化が肌に合いませんでした。そして次第に、私は「自分の思うように大きな相場を張りたい」「いろいろな取引を試したい」と考えるようになります。このころすでに、マーケットが大きく動く前の、きな臭い価格変動が何となく読めるようになっていたことも、そう思うようになった一因です。こうなってほしいという「欲望」と、こうなるのではないかという「直感」の、識別ができるようになったと言い換えてもよいかもしれません。

私は、とにかく大きな相場が張りたい気持ちを抑えきれず、モルガン東京支社に移って二年後、辞職しました。

まったく空気の違うUBS証券

UBS証券（UBS Securities Japan Ltd.）の東京支店から、「デリバティブ（金融派生商品）とバスケット（複数銘柄の一括取引）のアービトラージ（裁定取引）でアグレッシブ（積極的）に取り引きするような文化に変えてほしい」と声がかかったことから、私は転職を決意しました。声をかけてくれたのは、UBS証券の株式全体のヘッド（代表者）で、UBS証券で多額の利益を出し、本社頭取の信頼を得た人物でした。

UBS証券は、モルガンと比べて雰囲気がのんびりしていて、移ったばかりのころは「これじゃ儲かるわけがないなあ」と思いました。モルガンはフロー（お金の流れ）で儲けている会社なので、とてもアグレッシブでした。UBS証券はスイスの大手銀行の証券子会社であり、文化的には投資銀行というより商業銀行です。モルガンで鍛えられてきたためでしょうか、UBS証券の企業文化がすごく保守的に思えたのです。

ただ、モルガンでやっていた投資手法を実践するにはとても良い環境でした。何といっても資金調達コストがアメリカ系の投資銀行よりも低い点は有利でした。アービトラージは小さな利ざやを狙う取引なので、大きなお金を動かさないと意味がないのです。

こうして私が入ってから、一〇〇〇億円を超えるアービトラージを手がけるようになり、モルガンよりも大きくトレードするプレーヤー（市場に参加する人や組織）になりました。そうしたアービトラージの利益に依拠しながら、自ら考えたトレーディングについてのアイデアを実践していったのです。

ひとつ印象に残っている取引があります。私が移籍したときは、アービトラージはフランス人とスイス人の担当者が扱っていたのですが、私のチームと同じ投資機会を求めている者同士なので、当然、仲は良くありません。チャンスを奪い合うわけです。

あるとき、私は日経二二五が東証株価指数（東証一部上場の全銘柄の時価総額〔上場企業の価値を評価する際の重要な指標、株価×発行済み株式数で計算〕の合計をもとに計算して出した指数。ＴＯＰＩＸ）と比べて割高だと判断しました。割高の原因は指数の算出方法にあると感じていました。

そこで日経二二五の各銘柄を時価総額で加重平均（単純平均せず規模の大小を反映する計算方法）する仮想の指数を作成して、日経二二五先物を空売りするというリスクポジション（取り引きしたときに利益が確定するアービトラージと異なり、相場変動により大きな収益を上げることや損失を抱えることがあり得る状態）を作成しました……しかも大量に。そのフランス人たちがどういうポジションを持っていたのかは分かりませんでしたが、あとで聞いたところによると、小さいながらも逆のポジションを持っていたようです。

その年は、幸運でした。政府が新社会資本整備という構想を打《ぶ》ち上げ、私の取ったポジションがとても良いパフォーマンスを上げ、一気に年間予算の数倍を達成したのです。反対のポジションに近い取引をしていた外国人チームは損失を出し、社内での地位が逆転、一気に仕事がやりやすくなりました。

結局、目の上のたんこぶだったフランス人トレーダーが辞めることになり、私はバスケット・アービトラージの責任者に就きました。事務職の女性も含めて一〇人ほどの組織です。ここで四年間ほど働きましたが、モルガンとＵＢＳ証券での約七年の経験は、現在のＡＩを使った資金運用の研究にとても役立っています。

当時の投資銀行は、どれだけ儲けたかということも重視しましたが、毎月コンスタントに利益を上げることをとりわけ強調していました。モルガンやＵＢＳ証券時代のトレーダーたちは、それを最も重要視して働いていたのです。私が肝《きも》に銘《めい》じていることのひとつに

「トレードはギャンブルではない、確率論だ」というものがありますが、それこそ、私が七年の経験で得た最大の成果だといえます。

私が究極的に作りたいものは、大量の情報（ビッグデータ）を処理しながら相場の意思決定ができるAIです。大量の情報は、当然ですが、量が多ければ何でも良いというわけではありません。相場の癖を知っている者が、取捨選択したうえで、モデルに投入していくことが必要なのです。どういうデータを機械学習させるかという選定がAIの肝になり、その選定は、モデルの作成者の知識と経験によるのです。

さて、ここでいう知識とは良質の論文から得られるアカデミックなものを指し、経験とは現場で培《つちか》ったもののことを指します。

詳しくは後述しますが、この意味で、モルガンとUBS証券での経験は、AIの設計に活かされているといえます。

シンガポールで起業した切実な背景

モルガンでは、儲かりそうな美味しい案件はアメリカ人が全部担当する仕組みになっていました。UBS証券では私に権限があったので、そういう不公平な仕組みを公平なものへと変えていくことができました。

モルガンの先端的なノウハウと長所をどんどんＵＢＳ証券に導入し、短所は反面教師としてＵＢＳ証券に根づかないように努めたのです。そしてモルガンのノウハウを導入し終えた一九九六年、ＵＢＳ証券の仲間四人と、ヘッジファンドの運用会社を立ち上げました。

こうしてハルバディア・キャピタル・マネジメント・シンガポール（Halberdier Capital Management Singapore、以下、ハルバディア）と名づけた新会社で私は取締役に就き、社長にはＵＢＳ証券のときの上司が就きました。

戦いの場所はシンガポール。ハルバディアというのは中世フランスの兵士のことを意味しますが、この兵士はハルバード（Halberd）という武器を持っています。この武器は、長い部分と短い部分から構成されています。まあ、相場でいうところのロングとショートで戦うという意味と重なることから、こう名づけました。

では、どうして設立場所がシンガポールなのか――日本よりもヘッジファンドの運用会社を経営しやすい法規制になっているからです。

たとえば、旧「有価証券に係る投資顧問業の規制等に関する法律（投資顧問業法）」で規制されていた投資一任業務の許可が、シンガポール人のお金を扱わないという条件付きながら、日本よりシンガポールのほうがずっと取得しやすいという利点があります。

日本では、投資一任業務の免許を取得するハードルが高く、免許がなければ当然、お客様に代わって投資はできない。このようなことから、日本人がシンガポールに投資会社を作るケースは珍しくありません。

さらに、日本の金融庁（当時の大蔵省と金融監督庁）の金融検査がとても煩雑《はんざつ》で面倒くさいということも、シンガポールを選んだ理由でした。銀行法などに基づいた検査では、書類の文字が一字ズレているだけで却下されるという、重箱の隅をつつくようなやり方をされてしまいます。これを通過させるために手間と時間と経費が余計にかかるので、シンガポールにしようと考えたのです。

オフィスの「ざわつき」が教えてくれること

三〇代前半を迎えようとしていた私は、このような過程を経てシンガポールに自分たちの城を築いたわけですが、船出は決して順調とはいえませんでした。

私はモルガンとＵＢＳ証券では一切損失を出したことがなかったので、当然うまくいくと思って起業したわけです。ところが現実は、それほど甘くはありません。なかなか軌道に乗せることができず、結果的に損まではさせなかったものの、ほとんど儲けることなく、我々のファンドを解約していったお客様もいました。

モルガンやＵＢＳ証券では、ワンフロアにいろいろなスタッフが大勢いて、お客様のフォローをはじめ、それぞれが自分の仕事をしているわけです。大型スクリーンにテロップが流れて、トレーダーたちが大声を出し、両手を上げて悔しさを表したり、セールスマンが電話でお客様と楽しそうに話したりしている声などが、聞くともなく聞こえてきます。

一方、シンガポールの会社のオフィスには四人しかおらず、静かで落ち着いた仕事環境……新しい場所で働き始めて、私はあることに気がつきました。それは物足りなさといってもいいかもしれません。

というのも、誰かの「売った」「買った」という興奮した声や表情や動作が「ざわつき」として耳や視界に入っており、知らないうちに自分の判断材料になっていたのです。つまり、初めて「ざわつき」がマーケットの雰囲気を教えてくれていたことに気づいたのです。

この「ざわつき」については、のちにＡＩを使ったモデルを開発するに当たって重要な要素として取り扱っています。なぜなら「ざわつき」を学習していないAIは、人間の現実社会を把握できないからです。この「ざわつき」をAIに学習させられるか否《いな》かが、勝負の分かれ目となるのです。

噂話が流れを変える

自分たちで立ち上げたハルバディアの最初の一年間は結果を出せませんでしたが、二年目以降はアウトライト（売り戻し条件や買い戻し条件を付けずに単独で行う取引）中心の取引からロング・ショート（割安銘柄を買い建てる一方、割高銘柄を売り建てて、市場の動向にかかわらず利益を出そうとする取引）中心の取引に変えることで、じわじわとパフォーマンスが上がって軌道に乗せることができました。ただ、二〇〇〇年にパフォーマンスのブレークスルーが来るまでは、凡庸《ぼんよう》なファンドだったといえるでしょう。

二〇〇〇年というのはITバブルが崩壊した年です。ハルバディアでは、合理的な判断では正当化できない水準まで上昇していたIT銘柄を数多く空売りしていました。ただ、誰がどう考えても割高だと思われる水準になって空売りしても、IT銘柄はその後もドンドン上がり、狂気の沙汰ではないかと思われる価格まで上昇していくのです。当時は「ニユーエコノミー」という名のもとに、実体の怪しいＩＴ銘柄まで天にも昇る勢いでした。

そのＩＴバブルが、二〇〇〇年四月、突如として崩壊します。すると、持っているポジションがみるみるうちに利益を出し始めます。

崩壊のきっかけは小さなことでした。当時のＩＴ銘柄の本丸だった光通信の社長に関する週刊誌記事が金融情報端末（数台のスクリーンにグラフなどが表示され、株価などの情報が瞬時に手に入るコンピューター）に報道され、同社株が急落し始めたのです。

大した記事ではありませんでした。多少ネガティブなトーンで書かれていましたが、社長の性癖に関するもので、同社の企業価値とほとんど無関係といってよいでしょう。

でもそれが崩壊の始まりでした。我々が買われ過ぎだと空売りしていた多くの銘柄がどんどん下がり始め、とうとう年間のリターンが八〇％に達しました。マーケット全体が下がったのに対し、ハルバディアのファンドは八割上がったので、そこから資金が集まりやすくなりました。

このときに、週刊誌のゴシップ記事や人の噂話《うわさばなし》といった、あらゆる情報について気を配っておくことの重要性を認識しました。一見、無関係に見える情報も、投資家心理が極度に楽観や悲観に偏《かたよ》っているときには、全体の流れを変えるきっかけになり得るのです。

いま運用しているAIモデルでは、そうした情報をテキスト情報として収集し、判断材料としています。これは当時の経験あってのことです。

大学院で「ざわつき」を理論的に解明

二〇〇一年、私はハルバディアの持ち分を売却して退社します。

生活していくために必要な当面の資金が貯まったこと、アカデミックな研究がしたくなったこと、それらが退社の理由です。一日中、もちろん夜中でも、どこにいても海外市場を確認するポケットロイター（金融情報がリアルタイムで確認できる情報端末）を持ち歩いてマーケットを気にしている生活では、じっくり深く考えるという時間がありません。

二番目の兄が大学教授をしていた影響もあって、高校生のころから研究者になりたいという気持ちも漠然とありました。自分の年齢を考えると、大学院に入り直して勉強するのは最後のチャンスだろうという思いがあり、それが退社を決断させました。

大学院を卒業して博士号を取得しても、大学でのポジションを得るのは難しいと聞いていました。また、養うべき家族がいながら大学院に通うという決断は、さすがに勇気を必要としました。それでも実行できたのは、長いあいだ相場に対峙《たいじ》してきて常に感じていた

「ざわつき」の正体《しょうたい》を、理論的に解明したいという情熱があったからです。

思い返してみれば、このときの決断がAIとの出会いにつながることになるのですが、そんなことは、当時、知る由《よし》もありませんでした。

私は神戸大学の金融経済学の博士課程に入学しました。大学院では、証券投資論で有名だった榊原茂樹《さかきばらしげき》教授（神戸大学名誉教授）に指導を仰ぎましたが、行動ファイナンスで日本を代表する研究者、加藤英明《かとうひであき》教授（名古屋大学大学院教授）も当時は神戸大学にいらっしゃり、指導していただけたのは幸運でした。

ビジネススクールで一通りのファイナンス理論は勉強していましたが、数学的証明も含めた理論的な部分をなおざりにしてきました。ですから改めて理論を勉強するのは、とても新鮮でした。

現場知識と総合しながら理論を具体的に絵にすることができ、大学院ではとても楽しく学ぶことができました。

また、多くの若い研究者の卵たちとの交流はとても刺激的で、どれだけ稼ぐかが人間の価値だといわんばかりの世界から来た者にとっては、まるで第二の青春でした。

AIを使った国家プロジェクトに参画

私は無事、この博士課程を修了し、実務経験を持つ研究者ということで、関西学院大学のビジネススクールに採用されます。そこで、企業ファイナンス、証券投資、行動ファイナンスを教えるようになります。研究と教育はとても面白く、新しく分かったことを論文にしたり、学会で発表したりすることが楽しくて仕方ありませんでした。

そうするうちに、同僚の研究者でデータ・マイニングやテキスト・マイニングの研究者である羽室行信《はむろゆきのぶ》准教授と今後の研究のことで意気投合し、共同研究をするようになります。データ・マイニングとは、データの集合を分析し、そのなかから有用なパターンやルールを発見しようという手法のことで、テキスト・マイニングはそのデータをテキストに限って行うことを指します。

さて、このとき知り合った羽室准教授が、幸運にもアルゴリズム（コンピューターによる問題解決の方法や手順に関わる理論）の応用研究では日本で屈指の研究者だったのです。この先生に誘われる形で、科学技術振興機構の創造科学技術推進事業（Exploratory Research for Advanced Technology：ＥＲＡＴＯ）の離散構造処理系プロジェクトに参加する機会を得ました。「離散構造」とは、離散数学および計算機科学の基礎をなす数学的構造のことを指します。

ＥＲＡＴＯは、ノーベル賞級の研究者を国が指名して、巨額の研究費を付与する特別な国家研究プロジェクトです。このプロジェクトは額が大きく、五年で一三億円という巨費が投じられています。北海道大学の湊真一《みなとしんいち》教授が研究統括で、共同研究者、連携研究者、ポストドクターなどを入れると、八〇名に迫る大きな組織でした。

北海道大学に本拠地があり、湊教授が全体の責任者ですが、東京大学の津田宏治《つだこうじ》教授が東京研究拠点の、大阪大学の鷲尾《わしお》隆《たかし》教授が大阪研究拠点の責任者でした。私は大阪にあるラボでアルゴリズムの金融応用の研究に従事しました。

大学院時代との違いは、多くの情報学博士たち、しかも日本を代表する世界的な計算機科学の研究者たちと机を並べることになった点です。社会科学の研究者は、仮説を立ててデータで検証するという仮説ドリブンの研究を行います。一方の情報科学系の研究者は、大規模なデータから構造を特定しようとするデータ・ドリブンの研究を行います。こうした異文化の研究者たちと実験や議論をする時間が充実していたこともあり、私はＥＲＡＴＯでの研究にどっぷりと浸かりました。まさに研究漬けの毎日でした。

AIで言葉を分析する会社

ＥＲＡＴＯでは多くの優秀な研究者に出会いました。応用研究には、金融に限らず、商品の陳列や顧客の属性分析など、マーケティング分野も含まれます。しかし次第に、アルゴリズムの優劣の結果がはっきり出る、金融の課題に興味を持つ研究者が増えていきました。

また、一流の研究者というのは目的意識が高く、自分の研究が評価されることもさることながら、日本を変えたい、社会に大きく貢献したいという責任感を強く持っています。そうして時間の経過とともに、金融を通じて日本を変えよう、アメリカに負けないＡＩを開発して日本の金融を外資から守ろうという理念の下に、多くの研究者の意思が統一されていきます。

これを受けて私は二〇一一年、もう一度、起業しました。この会社が後にヤフーと提携することになるマグネマックス・キャピタル・マネジメント（Magne-Max Capital Management：ＭＭＣ）です。

ＭＭＣはＡＩを使う独立系投資助言会社で、私たちはここで、新聞、ネットニュース、

くまで一日単位のデータですから、あとで使うこととなるヤフーのビッグデータに比べると、精度がかなり劣ります。

しかも、ヤフーのデータにはタイムスタンプが残っているので、それこそ秒単位で株価とのマッチングができました。

ヤフーがアプローチしてきた記事

ＭＭＣとヤフーとが提携に至るまでに、私たちのあずかり知らぬところで、時代は動いていました。二〇一三年、ヤフーが資産形成事業に向けて動き出していたのです。「金融をやるなら、自分たちが持っているビッグデータを活用しよう」というのが、ヤフーのアイデアでした。

こうしてどのような事業を展開するか、それを社内で検討している折に、ある新聞記事が偶然、彼らの目に留まります。それは、昭和シェル石油の株価をＭＭＣのＡＩで予測した、という二〇一三年一〇月に掲載された「日本経済新聞」の記事でした。その記事とは、次のとおりです。

〈ビッグデータ 投資を変える　株価予測 精度競う

八月半ば、ヘッジファンドのマグネマックス・キャピタルマネジメントは昭和シェル石油株に「買い」の判断を下した。ファンドを率いる岡田克彦（五〇）らが開発したコンピューターのモデルが出した指示だ。「工場」「フル生産」——ネット上のブログやニュースを解析すると、経験的に株価上昇につながる「言葉」が増えていた。

売上高や利益など、株価分析の本筋である数値は一切使わない。頼るのは、ネットにあふれる言葉と株価の「相関関係」だけ。過去一〇年の蓄積データをもとに、株価に影響を与える三〇〇〇のキーワードを抽出《ちゅうしゅつ》。それが増殖しているかをリアルタイムで追い続け、株価の未来予測を試みる。

もちろん百発百中とはいかないが、「ヒトの目に見えないものがビッグデータで浮き上がる」。関西学院大学大学院教授の顔も持つ岡田はいう。

（中略）

言葉の取り扱いで地平を開いただけでない。膨大な過去の株価データを蓄積し、それを瞬時の株価予測に使うのもビッグデータがなせる技だ〉

（「日本経済新聞」二〇一三年一〇月一三日付）

この記事をきっかけに、担当者の頭にはMMCの存在が大きくなっていったようです。ただ、ヤフーがやるからには、金融革命を目指すという大きい将来像があるなか、果たして適当なパートナーかどうかと決めかねていたようです。その後、彼らはその他の実績のある投資会社ともいろいろ話を進めていたようですが、そうしたなかでもう一度、私個人に焦点が当たった記事を目にします。

〈――ニュースで市場の心を読む　ビッグデータ生かし投資〉（「日経ヴェリタス」二〇一五年四月一九日号）

この記事が出た翌日、ヤフーの担当者からいきなりメールが舞い込みます。

「至急ご相談したいことがあります。ついては大阪に参りますので、御社にお伺いしてよろしいでしょうか」

富裕層だけが儲かるＡＩではない

私はＡＩに着手したときから、ヤフーのビッグデータを使いたいと考えていたので、ヤフーとタッグを組むのは願ってもないチャンスです。とはいうものの、ヤフーのような大企業なら、研究者を集めて、自分たちでＡＩを作ろうと思えば作れるはず。ノウハウだけ盗まれる可能性もあるので、とにかく会って話をしてから考えようという姿勢で顔合わせに臨みました。二〇一五年五月のことです。

お互いの状況や条件、仕事に向かう姿勢をオープンにしたことが良かったのでしょう。初対面にもかかわらず話し合いは順調に進み、一部の富裕層だけが儲かるＡＩではなく、日本の金融業界を変えたいという核の部分で意見が一致しました。

特にヤフーの担当者が口にした「金融の民主化」「お金に働いてもらう楽しさをすべての人に」という言葉が、お互いの気持ちを束ねたといえます。

加えて初顔合わせでありながら、ヤフーの担当者は「いっしょにやりましょう！」というではないですか。

大手金融機関との交渉では、資料ばかり要求され、ぜんぜん話が進みません。そんな不毛な仕事を何度も経験しているので、ヤフーの担当者の決断の速さにはとても驚きました。「会社に持ち帰って検討しなくてもいいんですか」と、逆に訊いたぐらいです。「大丈夫です、一任されていますから」と、担当者は当然のように答えます。ヤフーが企業として伸びている理由は、きっとこの辺にあるのだろうと思います。

膨大なデータを東京から持って来た担当者

ヤフーとは、その後、速やかに秘密保持契約を交わし、一週間もしないうちにヤフーの担当者が、サンプルとしてテスト用のビッグデータを数十枚のDVD－Rにコピーして、新幹線で午前中のうちに東京から大阪の私たちの会社まで持ってきてくれました。

ヤフーの担当者が、かばんから数十枚のDVD－Rを取り出して、渡してくれたときの感触を、いまでも忘れることができません。たかがDVD－Rですが、やけにずっしりと重かったのです。ヤフーのビッグデータという貴重さが、物理的な重さ以上に、それを重く感じさせたのでしょう。

対照的だったのはヤフーの担当者です。感激する私をよそに、かばんのファスナーを閉めると、「それでは、これで失礼します」というや、オフィスを後にして、あっという間に東京へと戻っていったのです。

メールで送付できる容量ではありませんし、重要なデータなので宅配便を使うのは危険……ということで、わざわざ手渡しするだけのために、東京から大阪までやって来てくれたのでしょう。小さいことを決めるのにも石橋を叩いて渡る大銀行とは異なり、決断の速さと実行力に、たいへん驚きました。

さっそく、私たちの計算機をパソコンに接続し、取り込みを開始しました。読み込んで解析を開始する状態に変換するには時間を要します。

そこで機械に任せることにして、ほかの作業に取り組み、進捗《しんちょく》状況をときどき確認しました。すべてのデータが取り込まれ、シミュレーションモデルに反映されて、解析の準備が整ったときには、すでに夕方になっていました。ほかの五人はそれぞれ仕事をしていたので、あえて声はかけませんでした。本書の冒頭のシーンで社員全員を呼んだのは、このあとのことです。

その年、つまり二〇一五年の一一月、MMCはヤフーの傘下《さんか》に入ります。ヤフーはMMCに七〇%を出資し、役員を派遣したのです。

そうしてヤフーの子会社となったMMCはヤフーからの二人とエンジニアを加え、八人体制となりました。その後、ヤフーグループ各社が集《つど》いAIファンドを立ち上げるのですが、その詳細については後述しましょう。

第2章

顔認証と株価予測の大違い

AIが特定したインフルエンザの流行

第1章では、私がこれまでいかに株式投資とAIに関わってきたかということについて、僭越《せんえつ》ながら記してみました。

第2章からは本論に入っていきましょう。まずはAIとはどういうものか、また、それはどのような特性を持つのかを、インフルエンザの流行をAIが予測した事例を使って見ていきたいと思います。

参考にしたのは以下、二つの論文です。

「ネット検索語の集計によって、インフルエンザ流行の探知が可能に」
（「ネイチャー」二〇〇九年二月号、vol.457）

「インフルエンザ流行状況を予測するグーグル社の指標に、今年は実態との大きなずれが」
（「ネイチャー」二〇一三年二月号、vol.494）

二〇〇九年、メキシコで三ヵ所、アメリカで二ヵ所、新型インフルエンザの発生が確認されました。その後、感染が疑われるケースは一〇〇〇件以上におよび、世界保健機関（ＷＨＯ）は、最終的に地球規模の感染を示すフェーズ６《シックス》を宣言しました。新型インフルエンザのような感染症の場合、感染ルートを特定して拡大を食い止めなければなりません。アメリカ疾病予防管理センター（ＣＤＣ：保健福祉省所管の感染症対策の総合研究所）は、感染ルートの把握に迫られました。

ＣＤＣは、新型インフルエンザの症状や疑わしい症状の患者を見つけたら、すぐに担当の役所に報告するよう、アメリカのすべての病院に指示を出しました。

感染ルートを一日で見つけたグーグル

様々な地域の病院から情報が寄せられましたが、最終的にＣＤＣへ届くのに一〜二週間という時間を要しました。なぜなら、感染した人が病院に行くのに数日かかり、その報告が役所に集められてＣＤＣに届くまでに、さらに日数を必要としたからです。

同じころ、グーグルも独自の発想で季節性インフルエンザの感染について調べていました。そしてグーグルのエンジニアたちは、作業にとりかかると、なんとほぼ一日で感染ルートを特定してしまったのです。

病院情報を持たないのに、グーグルは、どのように感染ルートを調べたのでしょうか。ここにＡＩの特長があり、そしてこの特長こそが株価の予測に適しているのです。

グーグルには、あらゆるジャンルのあらゆる人たちが興味を示す、あらゆる言葉が、検索キーワードとして蓄積されています。その数、一日に三〇億件といわれています。

まずエンジニアたちは、この三〇億件から上位の五〇〇〇万件を選択しました。同時に過去の季節性インフルエンザに関するＣＤＣのデータから流行地域をいくつも選び、五〇〇〇万件をマッチングさせて、インフルエンザが流行《はや》った時期に入力された検索キーワードを四五語に絞り込みました。

要するに、インフルエンザが流行するときに、その地域でよく検索される四五の単語を見つけ出したということです。

キーワードとインフルエンザの因果関係を無視

インフルエンザが流行したとき、その地域の人たちはどういう言葉を検索するのでしょうか。たとえば「咳《せき》」「発熱」「ワクチン」「病院」「だるい」などが検索されやすいことは容易に想像できます。しかし実際には、インフルエンザとは直接関係のない、想像もつかないような単語も数多く見られるのです。

エンジニアたちは、先入観を持たないように心がけて、客観的に四五語を選びました。つまり選ばれた四五の単語は、これまでの人間の思考とは違う視点で選ばれたわけです。

次に、四五の単語がどの地域でたくさん検索されているかをモニタリングして、インフルエンザの流行地域をほぼリアルタイムで突き止め、流行地域から将来的に広がる可能性のある地域を一日で予測したのです。

これがＡＩにビッグデータ（このケースでは三〇億件）を学習させて、答えを導き出すという手法ですが、ポイントは三点あります。

一点目は、病院の情報などでなく、検索キーワードだけを頼りにしたこと。二点目は、人間の先入観を排除して言葉を選んだこと。三点目は、キーワードとインフルエンザの因果関係を無視したことです。大量のデータがあれば、相関係数を見るだけで真実が見えるという確信のもとに行った実験でした。

今後もインフルエンザの流行を特定することは、ビッグデータさえあれば簡単だ……そう思うのが自然ですが、実はこのあと大きな挫折を味わうことになります。これについては後述いたします。

ヒヨコの鑑定をAIが行うと

ＡＩに関する報道は誤解を招くような内容のものが多く、世の中に実像が伝わっているとは、まだまだいえません。そこで、ＡＩの本当の姿について、ここで触れておきたいと思います。一言でいうとＡＩとは「機械学習アルゴリズム」のことであり、突き詰めれば「統計学」だといえます。

「機械学習」とは近年急速に進歩してきた学問領域で、現在の第三次ＡＩブームの火付け役になりました。機械学習とは読んで字のごとしで、機械が学習するわけです。我が社の開発チームには日本を代表する機械学習の研究者、植野《うえの》剛《つよし》博士がいますので、彼の一般向け講演資料を中心に説明させていただきましょう。

いま「コンピューターにヒヨコの性別を判断させる」というタスクを考えるとします。ヒヨコの性別判断は職人芸で、素人《しろうと》目には分かりません。ヒヨコ鑑定士にお願いしないと見分けるのは難しいのです。

ヒヨコ鑑定士のコンピューター版を作るための流れを説明しましょう。まず、ヒヨコのデジタル写真を分析させます。仮に四〇〇×三〇〇の一二万画素のメスのヒヨコのデジタル写真を使うとすると、一匹のヒヨコの写真については一二万次元のベクトルとしてコンピューターに認識させることになります。これを「入力データ」と呼びます。

ベクトルといえば、一般的に、数学でいうところの大きさと向きの量のことを指しますが、ここでいうベクトルは、単なる行列だと考えてください。テキスト、画像、タイムスタンプといった、それぞれ形式がバラバラな入力データを数学的に扱うために、数値データへと変換します。

ベクトルとはその数値データのこと。形式が統一された数値データに置き換えることで、ＡＩがようやく扱うことができるのです。

ネコの顔を数値として認識

ＡＩによる画像認識に話を戻しましょう。

コンピューターに何枚も何枚も入力データを見せながら、人間が「こういう画像は、オスだよ、こういう画像はメスだよ」と認識させていく――この「オスだよ」「メスだよ」という答えのことを「ラベル」と呼んでいます。コンピューターには、大量の入力データ（ヒヨコの写真＝ベクトルデータ）と、そのラベル（性別）を覚え込ませるわけです。

すると、これまでに見せられた写真とラベルから（こうしたデータをトレーニングデータと呼びます）、ベクトルとラベルの二つの関係性を示す、数学的なモデルが推定されます。統計学では「推定」という言葉を使いますが、機械学習では「学習」と呼びます。

このような機械学習の経路を、ニューラルネットワーク（神経回路網）という呼び方をすることもあります。学習の過程で脳の神経細胞のような情報処理を模しているからです。

人間はネコを見たとき、一目でネコだと認識します。これは小さいころに絵本や実物を指差しながら、「あれはネコだよ」と親に教えてもらったからですね。同じようにＡＩは、神経細胞を模したアルゴリズムの数理的な処理（数量や図形によって問題を捉え、問題を具体的に解決していく方法）によって、ネコの顔を認識することができます。ライオンやチーター、犬や人間ではなく、なぜネコだと分かるのか……それはネコの特徴の細かい部分についても、学習の結果、数値として表現して知っているからなのです。

画像の学習には何万枚もの入力データを使いますので、ネコに共通の特徴が現れてきます。入力枚数が多ければ多いほど、正確に共通の特徴があぶり出されてくるというわけです。ネコをネコたらしめている画像の特徴を、特徴量（ネコと認識する際の要素）として

図表①

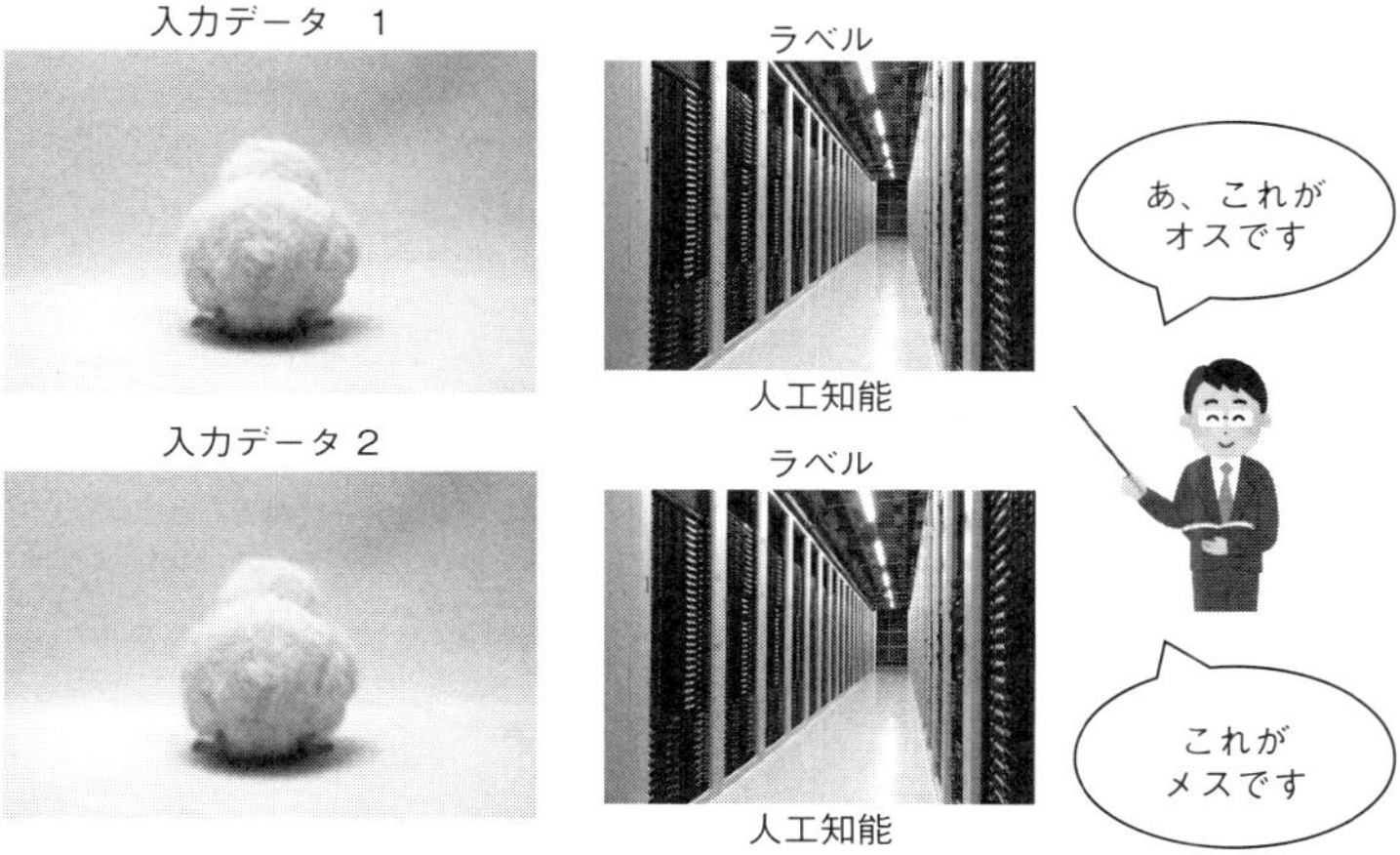

ヒヨコのデジタル写真を入力データとしてAIに与えます。その際には人間が、「オス」「メス」のラベルを貼って入力します。

図表②

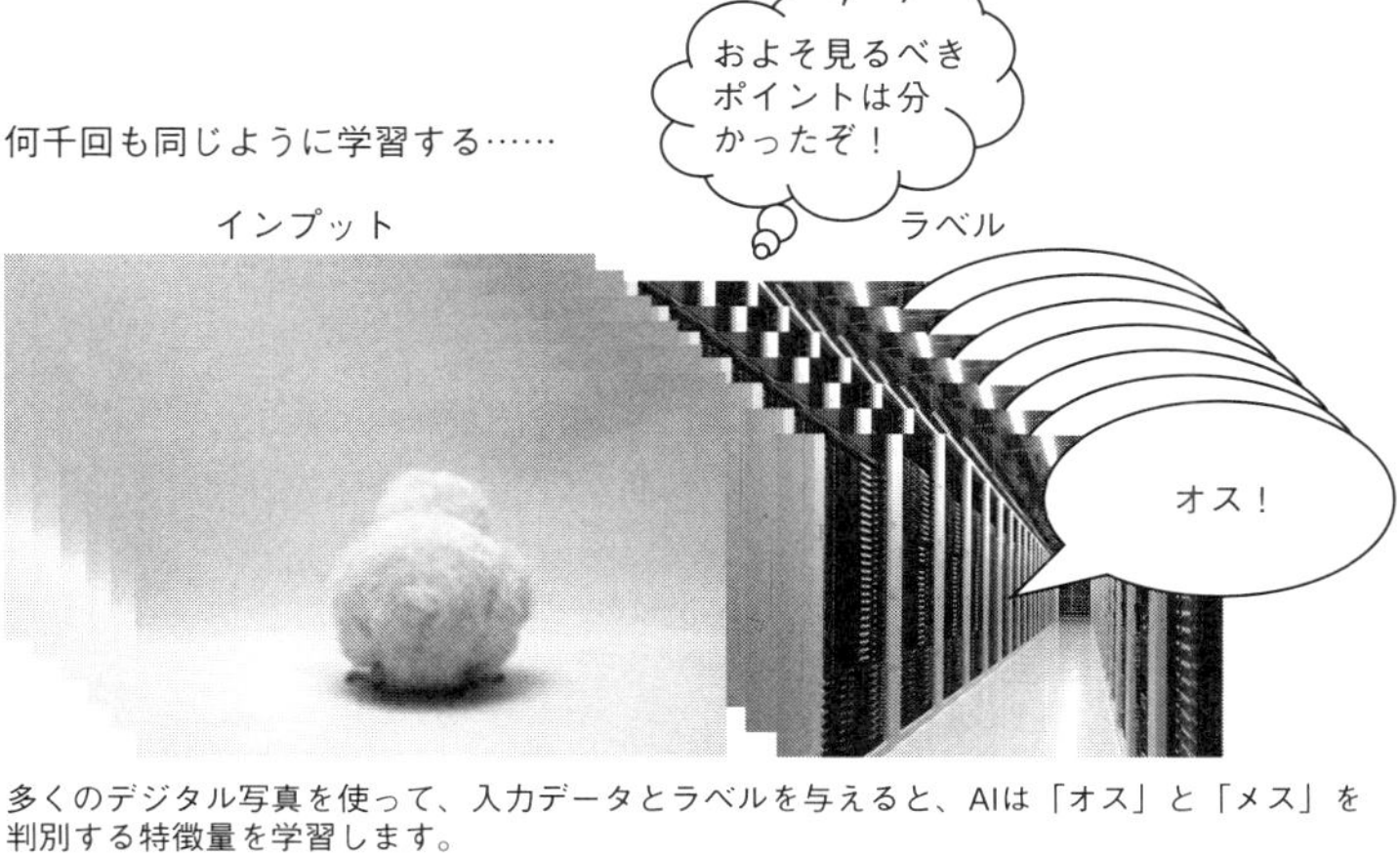

多くのデジタル写真を使って、入力データとラベルを与えると、AIは「オス」と「メス」を判別する特徴量を学習します。

＊図表は筆者による作成

数値で捉えているのです。

その特徴量をたくさん持っていればいるほど、精度は上がっていきます。初めて見る画像を判定するときには、画像の特徴量とそれまで蓄えた特徴量を比較し、「この画像はネコである可能性が五〇％」とか「あの画像がネコである可能性は八五％」というふうに計算していくのです。

このようにコンピューターの学習プロセスは、すべて数理的なものです。つまり、コンピューターが行うのはあくまでも計算ですから、画像であっても、ピクセルデータに表現されているＲＧＢ（三原色）の数値として認識しているわけです。ですから、ＡＩに何かの判断をさせるためには、すべて数値データに置き換える必要があるのです。

ＡＩはいかに言葉を理解するか

ＡＩというと、ＳＦ映画に出てくる脳の形をしたロボットをイメージするかもしれません。しかし、その基本的な構成は機械学習アルゴリズムだということを理解していただけたのではないでしょうか。

機械学習アルゴリズムを言語の領域に応用すると、新聞記事が語っている内容について、肯定的な内容なのか否定的な内容なのかを、コンピューターに判断させることができるようになります。昔は文章のニュアンスなどを機械に理解させるのは困難だと考えられていたのですが、「この記事は楽観的に書かれているよ」「この記事は悲観的に書かれているよ」と典型的な楽観記事や悲観記事を教えてあげることで、コンピューターがだんだん上手に判断できるようになってくるのです。

言葉の場合は、画像データの代わりに、言葉の入力データを用いる必要があります。ただ言語は数値ではありませんので、それを数値に変換する必要があります。

この前準備として行うのが「自然言語処理」です。言葉を解析しやすい形にするために、「形態素解析」（文章やフレーズを単語に分解し内容を判断、検索エンジンにも使用される自然言語処理の手法）や「係り受け解析」（構文解析）などといった処理をしなければなりません。そうした処理をしたあとに、言葉ひとつひとつをベクトルとして扱うわけです。

最も単純な例をご紹介しましょう。

たとえば、「トヨタ自動車の株価は、アメリカ大統領であるドナルド・トランプ氏がツイッターで批判したことを受けて、大きく下落した」というニュースがあったとしましょう。この場合、「トヨタ」「自動車」「株価」「アメリカ」「大統領」「トランプ」「ツイッター」「批判」「受けて」「大きく」「下落」「した」というふうに分類されます。これが形態素解析です。

次に、どの言葉がどれに係っているのかということを認識する係り受け解析も行います。こうした処理を経て、「ツイッター」が「批判」に係るということを、コンピューターが認識するのです。

さらに、この一文を数値ベクトルで表現するためには、用いられた単語をすべて列挙し、出現すれば1、出現しなければ0と置くことで、巨大な0と1のマトリクス（行列）で表すことができます。どれだけ多くの言葉のデータ（テキストデータ）があったとしても、言葉を構成する最小の単位である形態素レベルに分解すれば、0と1の世界で表現することができるというわけです。

画像認識も同じくベクトルの数値入力でしたね。コンピューターに目はありませんので、デジタル画像は各ピクセルが表すRGBとしてデータ化されているわけです。四〇〇×三〇〇＝一二万のピクセル画像は一二万個のRGBデータですから、そこから数値ベクトルが構成されるわけです。また、音声認識の場合も同様です。

仮説に固執せずデータ中心の手法

インフルエンザの事例でも分かるように、ビッグデータ時代の手法は、これまでの科学の検証方法と大きく異なります。

これまでの科学では、「テーマの設定と現状分析」→「仮説の設定」→「実証分析（データ分析）」→「結論」という流れが一般的です。まず理論や常識に基づいて仮説を立て、現実がそのとおりかをデータで検証し確認するというやり方です。

金融経済学の例でいえば、「企業価値向上のためにはしっかりとしたＩＲ活動（企業が投資家へ行う情報発信活動）が必要だ」という理論があるとします。しっかりとしたＩＲ活動が企業の透明性を高め、それによって投資家が安心して資金を投じることができるようになる、というわけです。この理論を実証するためには、ＩＲ活動に関するデータを集めてくる必要が出てきます。こうして、「理論」→「仮説の設定」→「実証」→「理論の確認」という流れができるのです。

ところが、インフルエンザに対するグーグルのアプローチには、仮説は存在しません。従来であれば、過去のインフルエンザの発生地域などから感染ルートの仮説を立てて、その仮説をもとにデータを探そうとしますが、グーグルのやり方は違いました。「感染ルートはこうに違いない！」という仮説を立てることはできるかもしれません。しかし、人間が考える仮説であれば、想像もつかないような関連性は見いだすことができません。そもそもインフルエンザの感染ルートに仮説が立てられないからこそ、人々は右往左往していたのです。だから仮説に固執せず、データを中心に組み立てる手法を採ったというわけです。

こうした新しい手法をデータ中心アプローチ（Data Centric Approach）といいます。仮説が決まらないとき、あるいは、仮説が多過ぎてひとつに定まらないときに有効な方法です。ただし、こうしたアプローチを採るためには、大量の良質なデータが必要となることは必定《ひつじょう》でしょう。

ビッグデータとＡＩは不可分の関係です。ＡＩに良い判断をさせるためには、機械学習アルゴリズムも重要ですが、何より学習するための大量のデータが必要となるからです。そしてデータの与え方の巧拙《こうせつ》によって、結果は大きく異なってくるのです。

インフルエンザ予想が機能しなくなったわけ

グーグルのインフルエンザ予想の正確性が論文化され、「ネイチャー」という権威ある論文誌に発表されたとき、当然ながら大きな話題を呼びました。データ中心科学は万能であり、あらゆる課題を解決してくれる魔法の杖《つえ》だと、前のめりになる研究者も少なくありませんでした。

ところが、その後数年経つと、インフルエンザ予想が機能しなくなったのです。使ったデータは同じ、使ったアルゴリズムも同じ……しかし結果が異なりました。グーグルのモデルは、インフルエンザの感染者数を大きく外してしまったのです。

これは、「ビッグデータとＡＩさえあればすべては解決する」という安易な考え方が危険だということを意味しています。ビッグデータを使えば何でも分かるという一部の科学者の思い上がりは砕《くだ》かれたのでした。この一件は「ビッグデータのおごり（Big Data Hubris）」の代表例として語られるようになりました。

大量のヒヨコ写真のピクセルデータから、ヒヨコの性別はある程度、正確に当てることはできるでしょう。それはヒヨコの数値化された特徴量が変化しないからです。

一方、人間の行動はどうでしょうか。インフルエンザにかかったときに取る行動は、毎回同じといえるでしょうか。

データ中心科学のアプローチには素晴らしいメリットがありますが、やはり仮説から検証する従来の科学的手法を捨て去ることはできません。ここは非常に重要なポイントであり、私が大切にしている哲学です。

株価変動を生み出している背景には、非常にたくさんの要因が隠れています。為替の変動が原因かもしれません。あるいは、金利動向の見通しが変化しているのかもしれません。政治的なニュースが原因の場合もあるでしょう。

ヒヨコの性別を分ける特徴量は変化しませんが、株価変動を引き起こしている特徴量は、時期や局面（フェーズ）によって大きく異なるわけです。

このように株価を決める要因は多様で、ビッグデータを使って株価の未来を予測することはたやすくありません。だからこそ、普遍的なもの、ヒヨコの特徴が変わらないのと同じように変わらない株式市場の真理を捉えて、モデルを作ることが重要なのです。

第3章

AIが株価を予測する仕組み

過去の株価変動を分析して将来が予見できるか

この章では、株価を予測するということはどういうことかを考えてみたいと思います。そもそも株価チャートを見て、明日は上がるだろうか下がるだろうかと、ＡＩが判断できるのでしょうか。チャートを分析する人は、よくこんなことをいいます。

「このＡＢＣ株を見てみろ。綺麗なチャートをしているだろう。二五日移動平均線（一定期間の終値の平均値同士をつなぎ合わせて作った線）が五〇日移動平均線を下から上に突き抜いている。今後上がるに違いない」と。

確かに、過去の値動きのパターンを見ていると、そういう状況で上がっている場合もあります。しかし、そのパターンで利益が上がるかどうかを数値シミュレーションしてみると、実はあまり良い結果が出ていません。うまくいく時期もあれば、そうでないときもあるのです。人間はついついうまくいったときの記憶が鮮烈なので、あたかもそうした取引が継続的に機能していくように感じるだけなのです。

私は投資家のバイアスについて講演するとき、よくこういう質問をします。

「あなたがコインを投げて、連続で五回表が出たとしましょう。コインには何の細工《さいく》もありません。次に、お金を賭けるとすれば、どちらに賭けますか」と。

このとき、多くの人は「裏に賭ける」と答えます。

「これまで五回も表が出たのだから、もう次は裏が出るタイミングだろう」と考えるわけです。でもこれは数学的にはおかしいですね。コインの表が出るのか裏が出るのかは一回一回の試行が独立事象なわけですから、過去連続五回表が出ているとしても、次に投げて裏が出る確率は五〇％、表が出る確率も五〇％です。一〇〇人に聞いたら、五〇人が表、五〇人が裏と答えるべきでしょう。

実際に多くの人を集めて何回も実験すると、連続五回表が出た後は「次は裏だ」と考える被験者が多く、時には九割以上の人が裏だと答える場合まであります。つまりコインの表裏の出現パターンには何の規則性がないにもかかわらず、あたかもそこに規則性を感じてしまうのです。これほど人間が感じる世界と現実世界とは異なっています。

株価も同じこと。株価の変動パターンについては、多くの研究者が、ランダムウォーク（結果が無作為で決定される運動のこと）であると証明しています。ランダムウォークということは、コインの表裏と同じで、これまでどんなパターンが実現したかということと、これからどうなるかという将来とは、まったく関係がないということです。

図表③　コイン投げゲーム（表なら100円の利得、裏なら100円の損失）を1000回行った結果

＊図表は筆者による作成

図表④　ヤフー・ジャパンのある期間の株価動向

出所：https://stocks.finance.yahoo.co.jp

前ページに載せた図表③と図表④を見比べてください。図表③は、「コインの表が出たら一〇〇円もらえます、裏が出れば一〇〇円損します」という設定で、コインを一〇〇〇回連続で投げたときに、自分の利得をグラフに記録していったものです。図表④はヤフー・ジャパンのある期間の株価動向を示しています。同じようなグラフに見えませんか。

一部のテクニカル分析（過去の値動きを表した株価チャートを使い、将来の株価変動パターンを予測する手法）を好む投資家は、「移動平均線がどうなっているか」「一目《いちもく》均衡表（異なる日数から計算した五本の線からなる指標。チャート分析表のひとつ）がどうなっているか」といったことを売買判断に用いています。つまり、過去の株価変動を分析することで、何か将来が予見できるのではないかという期待でやっているわけです。

でも、ランダムウォークである株価そのものをどのように分析したところで、利益が上がるパターンなどというものは見つけることはできない、本当に利益を上げている人たちは、実のところもっと複雑な思考をしているはずだ――と私は確信しています。

人間の投資行動は予測可能

これまで確認してきたことは、「株価はランダムウォークで変動する、だから、いかなるパターンも存在しない」という事実です。

では、いくらＡＩで学習しても無意味なのでしょうか。

はっきりいってしまえば、そのとおりです。株価そのものを当てようと、いくら頑張っても当たるわけはない。それはすでに優秀な研究者たちが、それこそノーベル経済学賞を受賞したアメリカ・シカゴ大学のユージン・ファーマ教授も含め、皆がはっきり言い切っています。

「一〇〇％当てることはできない」と――。

では、どうすれば良いのでしょうか。

私たちの考え方はこうです。株価を直接当てることはできないかもしれませんが、その背後にある「投資家心理」の揺れは当てることができるだろう、と。つまり、人間の投資行動に着眼して、マーケット動向を見返してみるのです。

人間の投資行動は、ある程度は予測可能です。人間というのは同じ行動を繰り返し、繰り返し行う存在だからです。行動パターンが常にランダムな人間など、そうそういないということです。

年の前半に「楽観的」後半に「悲観的」な投資家心理

ＡＩにはビッグデータが不可欠ですが、当然、ビッグデータなら何でもいいというわけではありません。やはり目的に適した良質のビッグデータを選んで、ＡＩに学習させる必要があります。良質なビッグデータを材料にして学習したＡＩだけが、良質な分析結果を出せるのです。

私たちが予測しようとしているのは投資家の行動です。したがって、投資家行動にどういう癖があるのかを知る必要があります。投資家行動の癖がどう資産価格に影響したかということに関しては、過去何十年ものあいだに、おびただしい数の実証研究がアメリカを中心に蓄積されています。その蓄積を活用するのです。

一例を挙げましょう。後の章で詳しく触れますが、「株価の季節性」という実証研究が世界中で報告されています。これは、株式市場というものは、一年間を通じて一様に動くのではなく、一一月から五月くらいまでには「上昇方向」に動くことが多い一方、六月から一〇月くらいまでは、「下落方向」に動くことが多い傾向にあることを示しています。

しかも、この現象は日本だけではなく、主要な株式市場で、いつの時代でも、はっきり出ている傾向なのです。

どうしてこうなるのでしょうか。これはファンダメンタルズ（業績動向や競争環境といった企業の基礎的な情報）からそうなるのではありません。そもそも年の前半に良いファンダメンタルズ情報ばかりが出て、後半には悪いニュースばかりが続くなどということがあり得るはずがありません。

季節による歪《ゆが》みは企業業績にあるのではなく、投資家の心にあるのです。投資家は、何となく年の前半に「楽観的」になって年の後半に「悲観的」になる、心の癖を持っているようなのです。

インフルエンザ予測と株価予測の違い

季節により投資家の心の癖が変化するということを申し上げましたが、その変化をどうやってＡＩに予測させているのか、その方法論について少し説明しましょう。

過去の研究者たちは株価の季節性が厳然《げんぜん》と存在することは示したものの、株式市場全体の動向についてのみしか調べていません。ビッグデータが簡単に入手できる時代になったのはここ最近の話ですから、データ量の限界もあったのでしょう。あくまでも株式市場全体の傾向を実証しただけでした。

私が会社を立ち上げたときは、ビッグデータを簡単に入手できる時代に、すでになっていました。そこで私たちは、会社で所有しているAI（アルファ一号）に指令を出し、先人たちができなかった試みを追究してきました。そうすることで、投資家の行動の癖をAIに認識させようとしたのです。

モデル開発の目的はこうです。

「日本に上場しているすべての企業の株価動向について、あらゆるデータを解析し、それぞれの銘柄について季節で揺らぐ投資家の心を数値で表したい」――。

このタスクを行うに当たり、アルファ一号に学習させるビッグデータには、無数の候補がありました。

日本の上場銘柄だけでも三六〇〇社あまりあります。これらすべての企業に対する解析をあらゆるデータを使って行うわけですが、グーグルのインフルエンザ予想プロジェクトのように、すべてを機械的に放り込んでモデルを作るということは、あえてしませんでした。なぜなら、そういう無謀なアプローチでモデルを作ると、出来上がったモデルが当たらなくなったときに誰も説明できないからです。

インフルエンザ予想であれば、「当たりませんでしたねー、ゴメンナサイね、新しいモデルで考えます」で済むかもしれません。が、人様の大切な虎の子のお金を扱うのに、そういう言い訳が通用するはずもありません。

ですので、投資モデルをすぐに作ることは、あえてしませんでした。その代わり、私たちはディスカッションを繰り返しました。投資家の心の癖に影響を与えていると思われる要因（特徴量）は何なのか。それを突き止めるべく、慎重に事を運んでいったのです。

私が相場を張り続けていまや四半世紀以上が経ちます。そうして相場を張っていると、どういう戦略がどういうマーケット環境で機能するのかが、経験上、肌感覚で分かるようになってきました。

そうした私の経験に基づいた肌感覚といいますか、相場勘どおりの予測がアルファ一号でできるようになるよう、与えるべき変数の見極めを、試行錯誤《さくご》を繰り返しながら行っていったのです。

買いどきである確率の高い銘柄ばかりをグループで

言葉で書いてしまうと、「各銘柄における季節性を、膨大な特徴量を使って学習させ、予測モデルを構築する」ということですが、少し具体的に見ていきましょう。例をひとつ出してみます。Ａという大手アパレル企業は冬物が売れる一二月ごろ、個人投資家に毎年、評価されるとします。この場合、「この銘柄には季節性がある」となります。

冬に上がるという季節性があるなら、冬物が売れ始めるちょっと前にこのアパレル企業の株を買って、一二月か一月ぐらいに売るという戦略が立てられるような気がしますよね。基本的にはこういうことをしながら、銘柄選択をするということです。

もちろん、Ａ社の季節性を見つけたからといって、十分なわけではありません。このひとつの銘柄だけで、この戦略を実施すればどうなるでしょうか。確かに一〇年間の投資で見れば、そのうち六年はこの戦略で儲かるかもしれません。でも普通の投資家は、「一〇年のうち六年勝ったからいいや」といった、そんな悠長なことはいっていられません。

そこで全上場銘柄について、決まったパターンがないかどうかを探索し、確率的に高い可能性で利益を出せるモデルを構築するのです。

Ａ社に関する投資家の心の癖の予測には、冬物の売れ行きに関係する「気温」という特徴量がひとつの大きな要因となっていることが、ここまでの説明で理解していただけたと思います。寒い冬が来ると、Ａ社の主力商品である防寒肌着を手放せないなあと思う人が増えて、投資家の注意がA社に向けられるのかもしれませんね。

ただ気温というのは、あくまでもA社の季節性が現れるひとつの特徴量で、その他にも多くの有効な特徴量が存在します。

たとえば、企業名が何度ブログ上で語られるか、その出現数の変化率、個人投資家が信頼している有名ブログへの出現数との比率、天候、雲の量、湿度の変化、曜日などなど、多種多様な系列データを選定して、ＡＩに学習させる。するとアパレルだけではなく、上場している国内の三六〇〇あまりの銘柄のそれぞれについて、毎日、買いどきかどうかの確率が計算できるようになります。

そして、買いどきである確率の高い銘柄ばかりをグループで持ち続けるという戦略を取れば、一年を通じてみると利益が高くなるのです。

一〇〇万円投資でＴＯＰＩＸを一六六万円凌ぐ！

ここが重要なポイントなのですが、私たちは明日の相場を当てようという発想はしていません。あくまでも確率の良い取引をしようとしているだけなのです。

何の細工もないコインを投げると表の出る確率も裏の出る確率も同じですので、勝つか

図表⑤　2005年から2014年のアルファ1号の運用成績

＊図表は筆者による作成

負けるかは運次第です。表が出る確率が六〇%に細工したコインであれば、表に賭けることで、運悪く数回連続で負けたとしても、ゲームを続ける限りトータルで勝つことができます。一回の試行では確信は持てませんが、一〇〇〇回試行すると、必ず表に賭けていたほうが有利です。

投資もこれと同じことで、アルファ一号の推奨する銘柄がすべて上昇するかどうかは分かりません。ただ、長期の観点で考えるなら、その時々に上がる確率が高い銘柄に投資し続けることは、着実にお客様の資産形成に資するはずです。その意味では、まったく射幸性はないといえます。

アルファ一号は、毎日、そして時間によっ

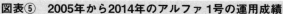

て変化する上がる確率の上位銘柄群を予測し、推奨してくれます。前ページの図表⑤は、アルファ一号によって二〇〇五年から二〇一四年までシミュレーションしたときの運用成績を示しています。東証株価指数（ＴＯＰＩＸ）に投資した場合は、この一〇〇万円が一二四万円にしかなりません。しかし、このモデルだと、なんと二九〇万円になります。

その差は一六六万円……あくまでもシミュレーションですが、これが実現すれば、お客様は喜んでくれると思います。

ちなみに、これからはＡＩを使った運用手法が一般的になってくると思われますが、その中身は大きく異なるといえるでしょう。突き詰めれば、ＡＩはただ単なる機械学習アルゴリズムですから、どういうデータで学習するかによって結果は大きく異なるからです。

完全に同じビッグデータの同じ分析項目を同じアルゴリズムで学習しなければ、同じ分析結果を導き出すことはできません。アルファ一号が選んだ銘柄が、どこかのＡＩと同じになることはあり得ないのです。

月曜日の株価は金曜日より悪いのはなぜ

株価の動きをＡＩに予測させるためには、判断材料になる分析項目が重要になります。

私たちの会社のＡＩは、現在のところ二〇〇種類程度の項目データで予測しています。この二〇〇種類がベストの内容なのか、もっと幅広い視点で増やすべき種類の項目データがあるのか、あるいは減らすべきなのかは、日々実験を繰り返して開発チームと議論しています。

マーケットが常に変わり続けるのと同様に、現在のＡＩモデルについても、未来永劫《えいごう》機能することはないでしょう。その意味で、ＡＩを作ってしまえば、はい、おしまい、あとはしっかり稼いでね、というわけにはいきません。

従来の運用では、証券アナリストやファンドマネージャーが企業訪問などを通じて情報を得ながら、株式市場全体よりも良い運用を目指して投資手法を変更してきました。私たちもビッグデータを用いたアルゴリズム開発を常に行い、改良を目指していかなければ、お客様の満足にはつながらないと考えています。

ただ、足元で使っているモデルは、いまのところは二〇〇種類の異なる項目データ群を投入することで、ファンドの助言を行っています。

二〇〇種類の項目データは多種多様です。そのひとつに株価の出来高に関するデータ群というものがあります。このなかには、株の出来高データ、時系列の出来高の変化率データ、平均的出来高との差分データ、投資主体別出来高データなどが含まれます。

そのほか、投資家心理に関するデータ群というものもあります。たとえば、当該銘柄の個人投資家ブログにおける出現数、当該銘柄が出現する文脈のセンチメント（市場心理）などが、このカテゴリーに含まれます。

また、曜日、気温、湿度、天候なども、不思議に思われるかもしれませんが、投資家心理に関するデータ群として活用しています。これらのデータは、文献調査と私の個人的な相場経験とを合わせて、試行錯誤《さくご》を繰り返した末に選択したものです。当然、今後も要素となるデータが増えていく可能性があります。

たとえば、月曜日の株価の動向は、金曜日より平均して悪いという現象があります。この不思議な現象は、いまも部分的には残存しています。この現象の背景には、週末に重要なニュースが出て相場が大きく変動するリスクを避けるために、空売り筋がいったん手仕《てじ》舞《ま》う（空売りや空買いを買い戻したり転売したりすることで取引関係を解消すること）からだと考えられています。

つまり、空売り筋がいったん手仕舞ったものを月曜日に再度売り直すために、月曜日に株価が下がることが多くなるのです。投資家心理を表すデータ群のなかに「曜日」を入れているのは、私自身のそうした経験ゆえのことです。

私たちが使っているデータ量は確かに膨大《ぼうだい》です。しかし、データなら何でもいいし、何でも取り入れるという気安さで、データを扱っているわけではありません。「分析項目は、多ければ多いほど良い、実験していくなかで必要な項目に絞り込んでいけば良い」と考える工学系の研究者は多いようですが、有効だと思われそうなデータをすべて総当たりで実験するのは不可能です。

実際にはひとつの項目のデータを学習させて、使えるか否かの結果を出すまでに、スーパーコンピューター（スパコン）でも数日かかるので、「分析項目は、多ければ多いほど良い」という発想は、現実的ではないのです。

第4章

長期では銀行預金より確実に優位な株式投資

プロのヘッジファンドも閉鎖になるわけ

この章では、ＡＩから少し離れて、読者の皆さんが資産形成するうえで最も重要なことを記したいと思います。なぜなら、ＡＩで投資する以前に、投資を「投機」と誤解していたとしたら、大変だからです。株式投資で一億円を作ろうと思う人は、絶対に投機してはいけないのです。

私が初めて株を買ったのはＵＢＳ証券にいるときで、いっしょに働いていたアナリストの友人の勧めてくれた紙おむつを作っている日本の機械メーカーの株でした。「中国で紙おむつが普及したら、この株はえらいことになるぞ」という彼の見立てで、一九九三年に一株一九〇〇円ほどで購入しました。自分で考えて購入したわけではなかったので、持っていることも忘れていたような株です。

シンガポールから帰ってきた二〇〇一年ごろ、「そういえば」と思い出して調べてみたら九〇〇円に下落していました。一九〇〇円で買ったものが途中で騰貴《とうき》（上昇）して三〇〇〇円になって、結局九〇〇円になっていたのです。

確かに中国で紙おむつは普及しましたが、機械メーカーだったので、残念なことに経済の動きがその株に直接反映するというほどには至りませんでした。

その後、何も考えないでそのままにしていたら、二〇一三年になって急に上がり出して五〇〇〇円台になったので、ここで売りました。小さな株でしたが、たまたま市場で注目されて見直されたのです。こういうことはよくあることです。

この株はたまたま騰貴して、そのタイミングで売ることができましたが、私のやったことは最悪の投資です。投資の本質を分かっていない人間がやることで、実に悪い例。私がやった悪い投資をまとめると、以下のようなものになります。

①ひとつの銘柄だけに投資している。
②気が向いたあるときに買って、そのまま放置している。
③大きな含み損を抱えたままでも放置しておけば、そのうち戻ってくるという発想をしている。

特に、信用取引を手がけて投資しているような「投機家」にとっては、③は致命傷になります。多くのヘッジファンドが閉鎖に追い込まれるのは、損切りができないからなのです。

なお、ヘッジファンドで大きな含み損が生じるのには理由があります。レバレッジをかける（他人資本を使い、少額の資本で大きな利益を狙う取引を行う）からです。つまり一〇〇の自己資本で三〇〇や四〇〇もの投資をするので、三〇〜四〇％も逆方向に動いてしまえば破産してしまう。レバレッジをかけた勝負は、どこで見切りをつけるかというのが重要なポイントになるのです。

預金の利ざやは銀行の利益になるだけ

私は常々、株式投資は長期的には必ず報われると主張しています。これは私の思い込みをお話しししているのではありません。株式に長期投資をすれば、銀行に預けたりタンス預金をしたりするよりずっと良い資産形成になることが、データで証明されているからです。

ヘッジファンドについての前項では、損切りの重要性をお話ししました。一般の株式投資は、ヘッジファンドと違い、長期では報われますから、その必要はありません。確かに三〇〜四〇％下がる年があるかもしれません。現実にリーマン・ショック時にはそれ以

図表⑥ インフレ調整した後の世界の株式市場の長期収益率 1900-2009年

国名	幾何平均(%)	算術平均(%)	標準誤差(%)	標準偏差(%)	最低収益率・年		最高収益率・年	
オーストラリア	7.5	9.1	1.7	18.2	-42.5	2008	51.5	1983
ベルギー	2.5	5.2	2.3	23.7	-57.1	2008	109.5	1940
カナダ	5.8	7.2	1.6	17.3	-33.8	2008	55.2	1933
デンマーク	4.9	6.7	2.0	20.8	-49.2	2008	107.8	1983
フィンランド	5.1	9.1	2.9	30.4	-60.8	1918	161.7	1999
フランス	3.1	5.7	2.3	23.6	-42.7	2008	66.1	1954
ドイツ	3.0	8.1	3.1	32.4	-90.8	1948	154.6	1949
アイルランド	3.8	6.5	2.2	23.2	-65.4	2008	68.4	1977
イタリア	2.1	6.2	2.8	29.1	-72.9	1945	120.7	1946
日本	3.8	8.6	2.9	29.9	-85.5	1946	121.1	1952
オランダ	4.9	7.1	2.1	21.9	-50.4	2008	101.6	1940
ニュージーランド	5.9	7.6	1.9	19.8	-54.7	1987	105.3	1983
ノルウェー	4.1	7.2	2.6	27.5	-53.6	2008	166.9	1979
南アフリカ	7.2	9.5	2.2	22.6	-52.2	1920	102.9	1933
スペイン	3.8	6.0	2.1	22.2	-43.3	1977	99.4	1986
スウェーデン	6.2	8.6	2.2	22.9	-43.6	1918	89.8	1905
スイス	4.3	6.1	1.9	19.9	-37.8	1974	59.4	1922
イギリス	5.3	7.2	1.9	20.1	-57.1	1974	96.7	1975
アメリカ	6.2	8.2	1.9	20.4	-38.0	1931	56.5	1933
ヨーロッパ	4.8	6.9	2.1	21.6	-46.6	2008	76.0	1933
アメリカ以外の全世界	5.0	7.0	1.9	20.5	-43.3	2008	79.3	1933
全世界	5.4	6.9	1.7	17.8	-40.4	2008	70.1	1933

出所：“Triumph of the Optimists” Princeton University Press

上、下落しました。が、さらに長い目で見ると、必ず報われるようになっているのです。

図表⑥を見てください。この表はオックスフォード大学の研究者とクレディ・スイスのアナリストが共同で作成したものです。

ここには株式の各国別の過去一一〇年間の平均リターンが出ています。ここでのリターンは実質金利、つまりインフレがあった場合はインフレ分を考慮して計算しています。たとえば、物価が一〇％上がって、株価が二〇％上がると九・〇九％が株価による儲けだというやり方で計算しているということです。

実質金利の計算式：（一＋名目金利）÷（一＋インフレ率）＝（一＋実質金利）

この図表の日本株によると、過去一〇一年間のトータルで、複利で三・八％上がってきていることが分かります。もちろん二〇％上がったり、一〇％下がったりとジグザグしながらですが。

ここから分かることは、ひとつ。「株式投資は長期であれば絶対にお薦め！」だということです。

それは日本国内にしぼって見ても明らかです。

最悪の株価だった年は終戦翌年の一九四六年で、株価は八五・五％も実質的に下がりました。このときは、旧円が新円に切り替わってハイパーインフレーションになってしまったので、実質的に株式価値が大幅下落したのです。

反対に最良だったのは六年後の一九五二年です。高度成長期の入り口の年だったため、株価は一二一・一％も上がりました。もちろん物価も上がったのですが、それを考慮しても株式資産を持っていた人は、実質的に資産を倍以上にしたということです。

この表を概観していただくと、世界のどの国でも株式投資は銀行預金や国債を買うことよりもずっと投資効率が良いということが分かると思います。

こういう現象を「株式プレミアムがある」といいます。つまり、株式に投資すると、短期的には下がったり上がったりしてヒヤヒヤドキドキしますが、その分ちゃんと報われますよ、という意味です。

よく考えてみると、株式投資をするということは、「お金に働いてもらう」ということです。

製品やサービスを提供する企業の資本に投資するということは、その企業経営者が一生懸命利潤を生もうと切磋琢磨《せっさたくま》している果実をもらうということ。株式会社の持ち主は経営者ではなく、株主であるわけですから、経営者は自分の報酬を取ったあとに十分な配当を株主に渡せるように努力する必要があるわけです。これを「所有と経営の分離」と呼んでおり、資本主義社会の根幹です。

もちろん資本を提供することにはリスクが付きまといます。ただ、そうしたリスクがあるからこそ、大きなリターンが期待できるわけです。

一方、銀行預金をすることは、お金に働いてもらうことになりません。銀行が預金者にくれる金利は、基本的には金利市場で決まる金利に準拠していますので、インフレ率によって決まっているわけです。銀行が企業に高い金利で融資を行ったとしても、それを預金者がもらえることはありません。あくまでも、利ざやは銀行の利益になるだけなのです。

要するに、銀行預金をするということは、インフレ分くらいのわずかな金利は稼げるものの、ほとんどお金を働かせていない、ということになるわけです。

だから、お金に働いてもらうためには、株式投資をする必要があるのです。銀行預金などをしている限り、お金は決して増えないということを、肝に銘じていただきたいですね。

長期投資の結果は断言できる

株式投資をするに当たっては、重要な心得《こころえ》が三つあります。先ほど株主は大きなリスクがある代わりに大きなリターンがあると申し上げました。ただし、リスクを軽減する方法があります。それは分散投資です。これが重要な心得の一番目。ひとつの銘柄に集中投資しないことが重要なのですが、どうしてこれが大切なのでしょうか。

次の例を考えてみましょう。

仮にあなたがトヨタ自動車の株式だけ持っているとします。すると、トヨタの業績が順調なときは良いですが、何か不祥事があったら困りますね。不祥事を受けてトヨタの株が暴落するかもしれないからです。

ところが、もしあなたが世界の自動車産業全部に分散投資していたらどうでしょうか。この場合、仮にトヨタ株が下がったとしても、自動車の需要が変わらない限り、必ず本田技研工業、日産自動車、ダイムラーなどへの注文が増えるという形で、他社が潤《うるお》うはずです。したがって、分散投資している人にとってみれば、ある一社の不祥事なんて痛くもかゆくもないわけです。

二つ目に重要なポイントは、確率的に考えるということです。「この銘柄は一ヵ月後に必ず上がる」とは断言できませんが、「こういう方法で長期投資すれば、必ず良い結果が出る」と断言することはできます。これは「大数の法則」という確率の世界で使われる概念を投資に当てはめて考えると分かりやすいでしょう。

たとえば、ここに少しだけ細工《さいく》したコインがあるとします。表の出る確率が五一％と裏が出る確率よりもほんの少しだけ高い。でも、目で見ても分かりにくいくらいの微小な差です。いま、このコインを使ってギャンブルをするとすれば、表に賭け続けるのが正しい戦略ですよね。一回や二回では差は分からないかもしれませんが、一〇〇〇回賭け続ければ必ず表に賭ける戦略が勝つことになります。

確率の良い賭けを何回も繰り返すことと、確率の良い長期投資を行うことは、同義なのです。

長期の投資期間中にはいろいろなことが起こることでしょう。不景気なときも、超円高なときも、テロや政治的な不安があるときだって、時代によってはあり得ます。そのたびに株価は下落しますが、そのときに一喜一憂せず淡々と長期保有していれば、長期的には株式プレミアムを受け取ることができるわけです。そのとき分散投資していれば、さらにその可能性は確かなものとなります。

新興の中国株がアメリカ株よりリターンが低いわけ

ここまでで、お金が働いてくれるところが株式投資の良いところだと申し上げました。

ただ、なかにはお金を投資してくれた人に報いる前に、経営者が自分の贅沢《ぜいたく》をするような企業があります。こういう企業に投資するのは効率が悪いですよね。

ですから、重要なポイントの三つ目としては、コーポレート・ガバナンス（経営陣や株主による企業の統治や管理）がしっかりした銘柄を選ぶという点を挙げます。

たとえば、アジアの新興株式市場を見てください。次ページの図表⑦のＣＳＩ三〇〇指数は中国を代表する株価指数のひとつです。上場されている銘柄のうち、時価総額および流動性の高い三〇〇銘柄で構成されています。

何か疑問を感じませんか。私がいつも不思議に思うのは、あれだけ経済成長している国において、どうしてアメリカよりも株式の値上がりが少ないのかという点です。たとえば図表⑧のＳ＆Ｐ五〇〇指数はＳ＆Ｐダウ・ジョーンズ・インデックスが算出しているアメリカの代表的な株価指数です。中国同様の理由で、五〇〇銘柄で構成されています。

圧倒的に経済成長している中国の株価指数が、なぜアメリカのＳ＆Ｐ五〇〇指数よりも値上がり率が低いのでしょうか――それは、中国では企業統治が完成されていないからだと考えられます。経営者は会社の株主（所有者）のために頑張るべきなのに、何かほかの目的（経営者が私腹を肥やしたり、贅沢をしたり、愛人を囲ったりなど）のために行動しているということです。

図表⑦　中国のCSI300指数の2005年から2017年10月までの推移

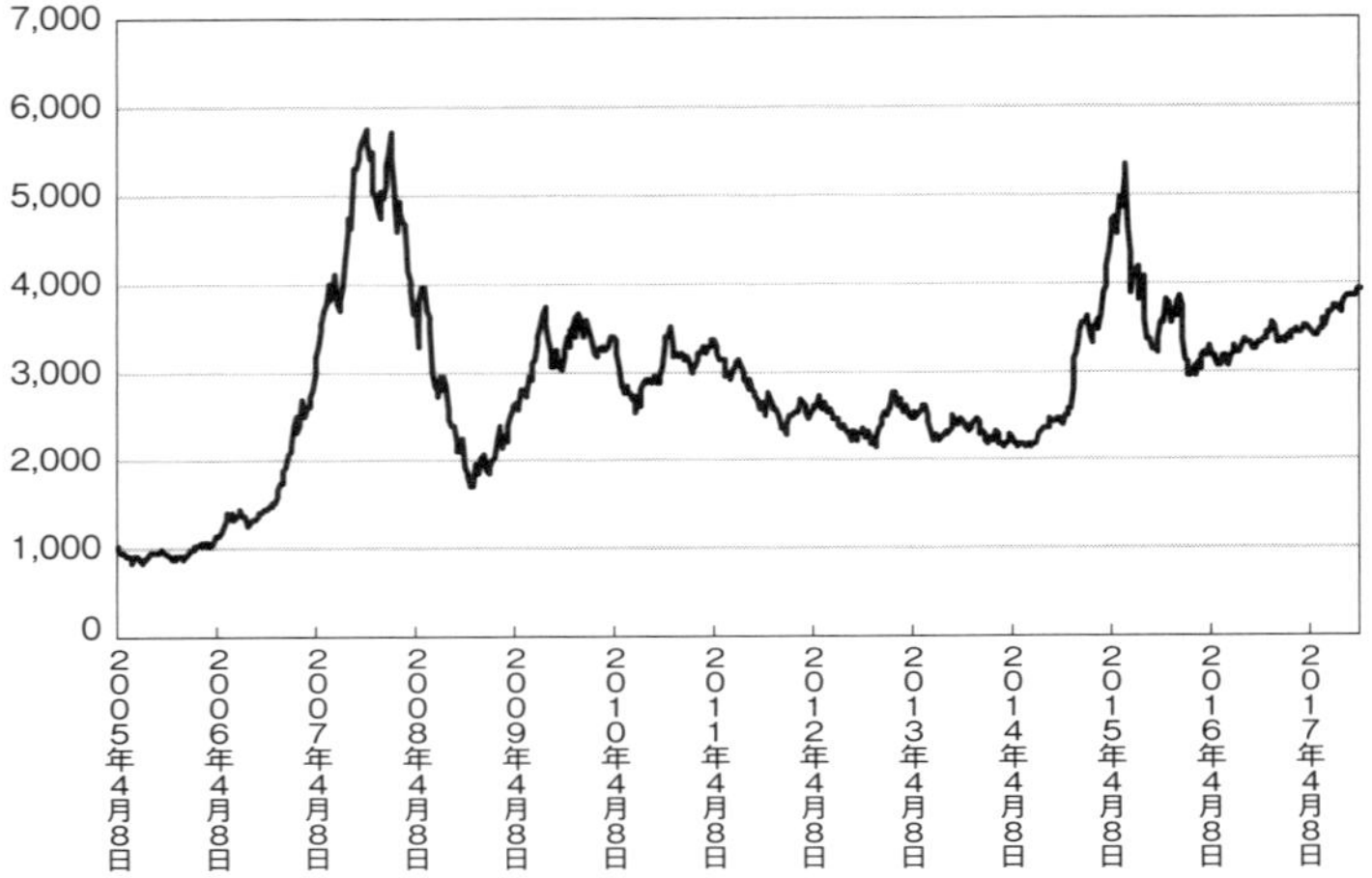

＊図表は筆者による作成

図表⑧　アメリカのS&P500指数の2005年から2017年10月までの推移

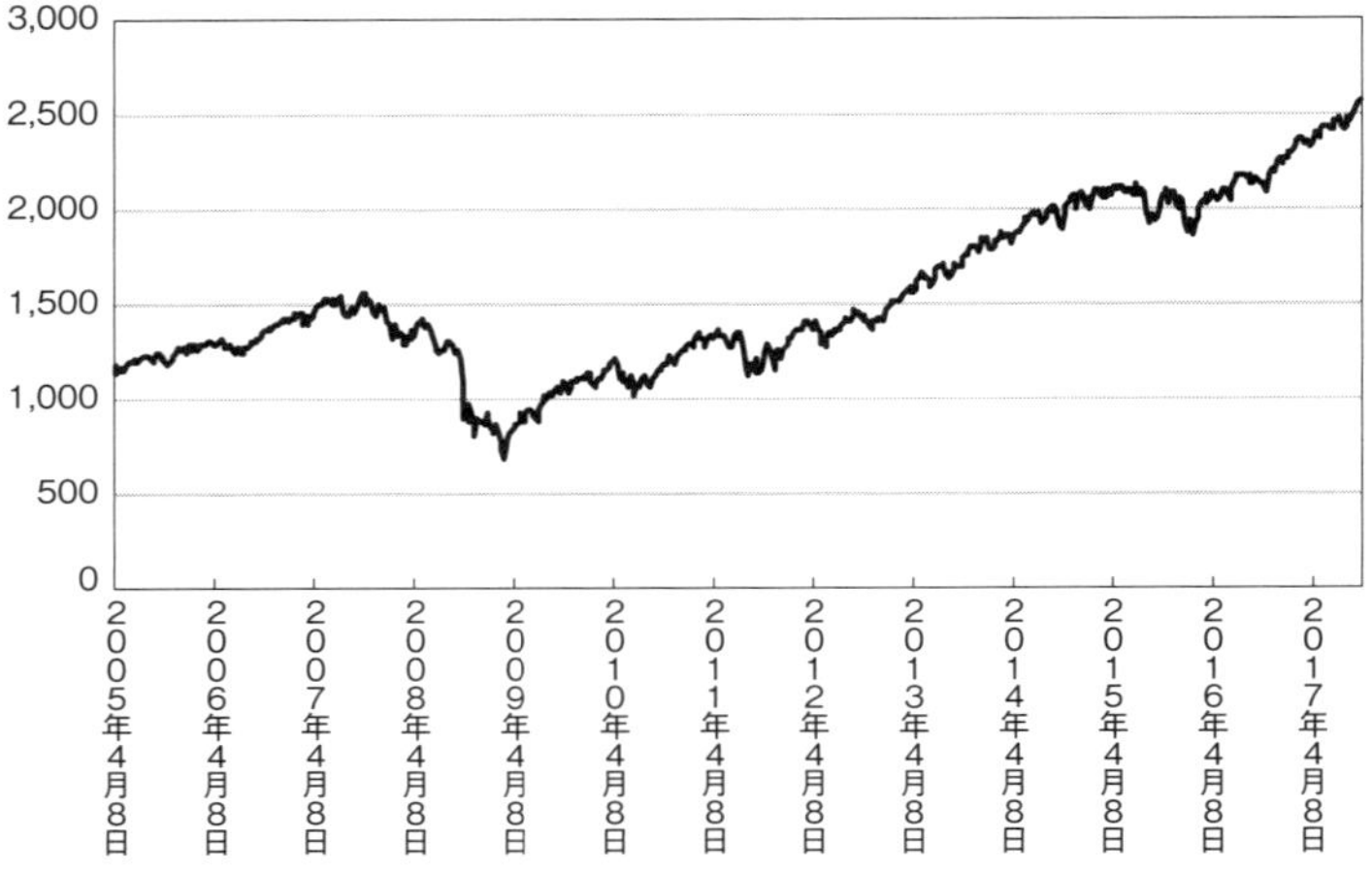

＊図表は筆者による作成

株式会社の建て前では、経営者は株主が持っている株券の価値が最大化するよう努力することになっています。なぜなら一番リスクを取っている人が株主であり、企業が儲かれば株主も儲かるし、損すれば株主も損するという運命共同体だからです。

この点、債権者（銀行）とは違います。銀行は企業が儲かろうが損しようが関係ありません。黙って元本と利息を返してもらえればいいのです。そう、倒産さえしなければハッピー。この意味では運命共同体とはいえません。

「リスクを取っている株主様に報いる経営をしなさい！」と厳命され、株主総会で選ばれているのが経営者ですから、自分の乗る豪華な社用車のために大金を使うことや、不必要に高い役員報酬を設定すべきではないのです。

とはいえ、株主を欺《あざむ》こうと思えばいくらでも欺けるのが経営者という立場。こうした行為を見張っていこうというシステムがしっかりしているのがアメリカで、中国はまだまだそのあたりの法整備が不十分なのです。

ですから、短期的に投資家として参加するには面白いかもしれませんが、長期の価値向上を見据えて投資する先としては、いささか不安が残ります。いくら業績が良くても、経営者が自分のことしか考えていない会社に、虎の子のお金を投資するのは、できれば避けたいことですよね。

安心して投資できないということは、投資しても楽しくないということ。楽しくないことは、しないほうがいい。そんなことは、いうまでもないことでしょう。

日本のガバナンスはどうなる

先ほどは中国株式市場を例に挙げてお話ししましたが、株から見える国の特徴というものがあります。結論からいうと、ガバナンスの意識が高くてしっかりしている国の企業は、世界の投資家が注目するので、株価が騰貴しやすいといえます。

アメリカやイギリスのようなアングロ・サクソン系の国はガバナンスがしっかりしている傾向にあります。株主価値を大切にする文化が徹底されているという部分もあるでしょう。投資家にとっては安心感があります。世界の投資家が注目しているので、さらにガバナンスを守るという好循環が生み出されています。

ひるがえって日本はどうでしょうか。日本では、株主価値最大化よりも、ステークホルダー（企業の利害関係者）の価値を高めたいという意識が強く、最近まで日本のガバナンスはかなり問題視されていました。株主のための経営ではなく、経営者のための経営だと投資家に受け止められていたからです。

ＲＯＥ（Return on Equity：株主資本利益率）という指標があります。投資家のお金がどれだけ効率的に使われているかを見るもので、日本は欧米と比べてＲＯＥがとても低かったのです。

ところが、二〇〇六年の村上ファンド事件（ニッポン放送株を巡るインサイダー取引事件。投資活動や企業経営に関して大きな議論を呼んだ）あたりから、株に対する認識が変わりました。

株価や株主のことをきちんと考えようという意識が高くなり、コーポレート・ガバナンス・コード（Corporate Governance Code：上場企業が守るべき行動規範）が導入されるようになって、ようやく世界基準に近づきつつあります。株式投資をお勧めする立場としては、良い時代になったと思っています。

低迷する過去八年のヘッジファンドの成績

株式投資の話をしましたので、少しヘッジファンドの話もしておきましょう。

ヘッジファンドというと、投資のプロがとんでもない利益を上げているという印象を持

図表⑨　ヘッジファンドの近年の収益率（2008年１月を100として計算）

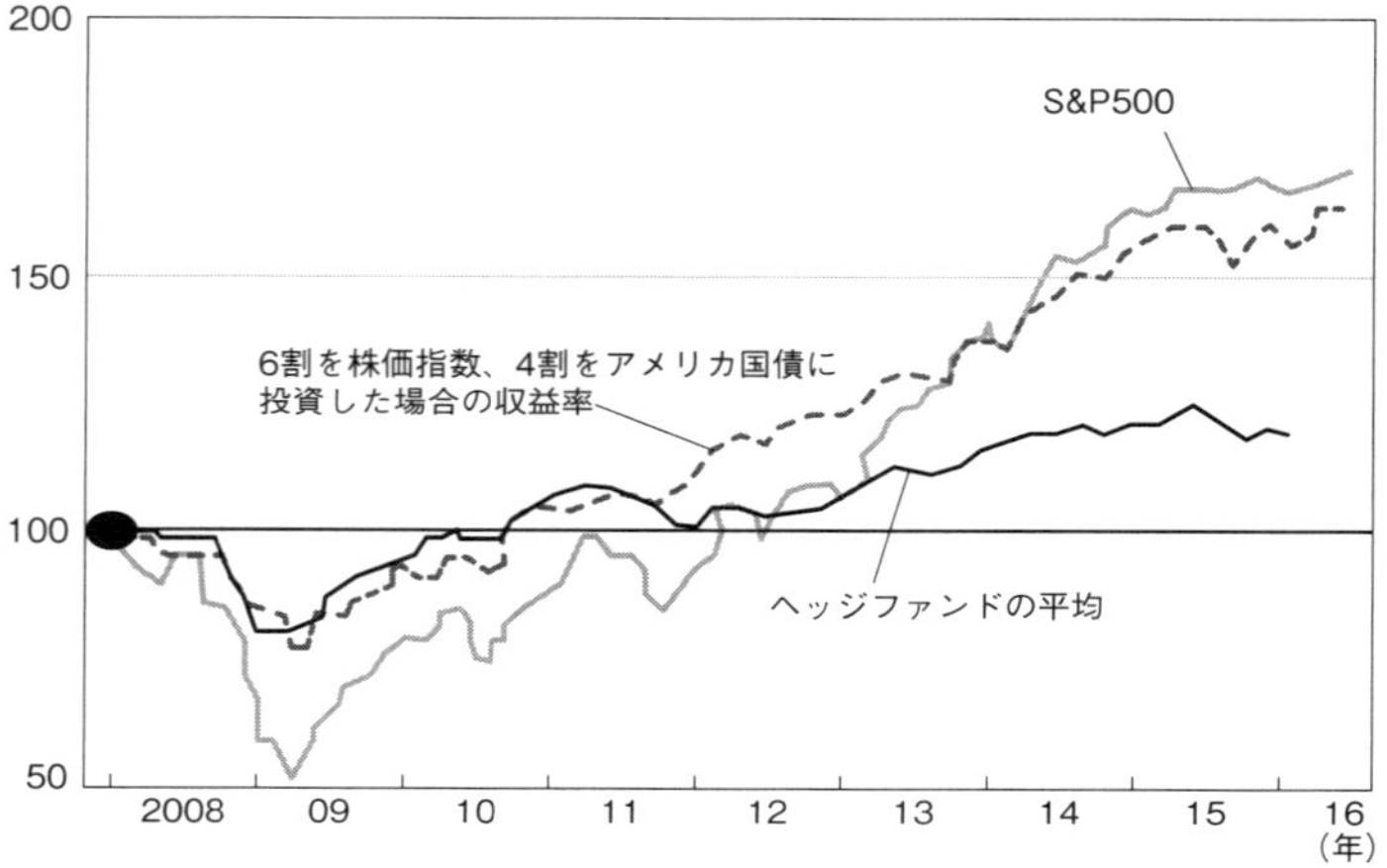

出所：Thomson Reuters

つ人も多いことでしょう。ヘッジファンドはその秘匿《ひとく》性の高さゆえに、神秘的な存在だと思われがちですが、基本的には普通の投資と何ら変わりがありません。ただ、投資の制約が低く、チャンスと見るや非常に大きなレバレッジ取引を行って多額の利益を上げることから目立ちやすく、マスコミ報道では、何らかの大きな相場変動の背景に常に彼らの暗躍があるかのように取り上げられます。

情報量の少なさから、何か秘密の方法、すなわち錬金術のようなものを使っているかのように思われていますが、そういったファンドはごく一部だと考えていいでしょう。

ヘッジファンドは、普通の投資信託と違って、「空売り」や「レバレッジ取引」をするという特徴があります。空売りも、レバレッジ取引も、方向性さえ合っていれば大きな利益が見込まれますが、現実はそんなに甘くありません。

図表⑨を見てください。これはヘッジファンド指数と呼ばれるもので、登録してあるヘッジファンドのパフォーマンスを大きさに応じて加重平均（量の大小を反映させて平均値を算出）したものです。この指数で判断すると、過去八年間くらいのヘッジファンドの成績は、決して誇れるものではないですね。

確かに、金融危機の二〇〇八年と二〇〇九年は、株価指数（S&P五〇〇）やアメリカ国債と株価指数のミックスよりも下落の度合いは少ないものの、その後の株価の反発にはまったく付いていけませんでした。看板に偽《いつわ》りあり、というヘッジファンドも多く含まれているということです。

もう一点注意しないといけないことがあります。こうしたヘッジファンド指数には「生き残りバイアス」があるということです。つまり、破綻《はたん》してしまったファンドは指数の構成から除外されますので、生き残ったファンドのみで平均を取ったことになるのです。破綻するファンドは事前には分かりませんので、そうした憂《う》き目に遭った人の成績は反映されていないということになります。

「第二のジョージ・ソロスに」

有名なヘッジファンドは過去に素晴らしい成績を残していて、新規の募集をしていないので、新たなお金を投じることは難しいでしょう。要するに販売されていないわけですね。で、「我こそは第二のジョージ・ソロスになるぞ」とばかりに、投資銀行で実績を積んだトレーダーたちが、雨後の筍《たけのこ》のようにヘッジファンドを立ち上げるわけです。私がシンガポールで共同で立ち上げたハルバディアも、そのようなスタートアップ（新しく設立されたベンチャー）のファンドでした。

このようなヘッジファンドが、どのようにお客様を獲得するか、その一例を紹介しましょう。

欧米には古くから続く大富豪の一族がいます。彼らは一族の将来を考えて、資産の運用をしますが、その運用組織をファミリー・オフィスといいます。そうしたファミリー・オフィスが投資を目的にしたイベントを開催して、そこに世界中から投資会社が集まるわけです。

ファミリー・オフィスはプロの資産運用担当者を雇っており、上場銘柄や債券などのトラディショナルな商品からオルタナティブな（伝統的でない）商品に至るまで、様々なものに投資します。

そんなイベントのひとつに、私たちも参加したことがあります。そこで私たちは、「自分たちはＵＢＳ証券で実績を作って、シンガポールで起業した会社です」とアピールしました。ファンドの世界では、トラックレコードと呼ばれる収益実績が重要視されるので、ハルバディアのような新しい会社がお客様を獲得するのは、とてもハードルの高い仕事でした。

対応するファミリー・オフィス側の担当者は雇われの身。アジアの片隅からトラックレコードもなしにヘッジファンドを売りに来ても、すぐには決断してくれません。もしファンド選びに失敗すれば、たちまち責任を取らされてしまいます。彼らからすれば、トラックレコードのないファンドを買うことは、サラリーマンとしてのリスクが高すぎたということです。

ただ、トラックレコードがすべてかというと、そうでもありません。面白い発想や、斬《ざん》新《しん》な視点があれば、試しにお金を入れてくれる場合もあります。

私たちの場合、当時では珍しい日本市場に特化したヘッジファンドという特徴があったことと、熱心な営業が奏功し、あるスイスのチョコレート会社の創業者ファミリーの資産を運用する担当者が、ファンドを買ってくれました。記念すべきハルバディア初のお客様になってくれたのです。

「ざわつき」のないオフィスで勝つために

ところが、ハルバディアの最初の一年間は結果を出すことができず、チョコレート会社の経営者から、「お前らには失望したよ！」と罵倒《ばとう》されて、資金を引き上げられてしまいました。一億円ぐらいだったので、損失はさほど大きくはありませんでしたが、最初のお客様ということで思い入れがあったので、申し訳ない気持ちでいっぱいでした。

マーケットの雰囲気を教えてくれる「ざわつき」のないオフィスで結果を出すために、二年目以降は、それまでのアウトライト（売り戻し条件や買い戻し条件を付けずに単独で行う取引）からロング・ショート（割安銘柄を買い建てる一方、割高銘柄を売り建てて、市場の動向にかかわらず利益を出そうとする取引）中心の取引に変えました。この判断が的中して、じわじわとパフォーマンスが上がり、ビジネスを軌道に乗せることができました。

アウトライトは、マーケットの動く方向を予想して買いや売りを行う、まさに「ざわつくから売った、ざわつくから買った」という取引で、自分たちの環境には適さないことが分かったのです。

ロング・ショートは、割安の銘柄を買って（ロング）、割高の銘柄を売る（ショート）ことで、市場の動きに左右されない運用を目指す手法です。ロング・ショートに変えたことで、二年目は「まずまず」という成績で、七％ほどの利益を出すことができました。

一位のファンドがすぐに八四一位に

ヘッジファンド全体のパフォーマンスが振るわないからといって、すべてが駄目なわけではありません。もちろん素晴らしいパフォーマンスを示すものも多々あります。

ただ、人間はどうしてもスーパースターばかりに注目してしまう傾向があります。どうも私たち人間は、いまが良ければそれで良し、と考えてしまう存在なのですね。ですから、長期的な視点に立つことは、なかなか困難なのです。

ロングターム・キャピタル・マネジメント（Long Term Capital Management：ＬＴＣ

図表⑩　1000ドルをLTCM、ダウ平均、アメリカ長期債に　それぞれ投資した際の資産評価額推移

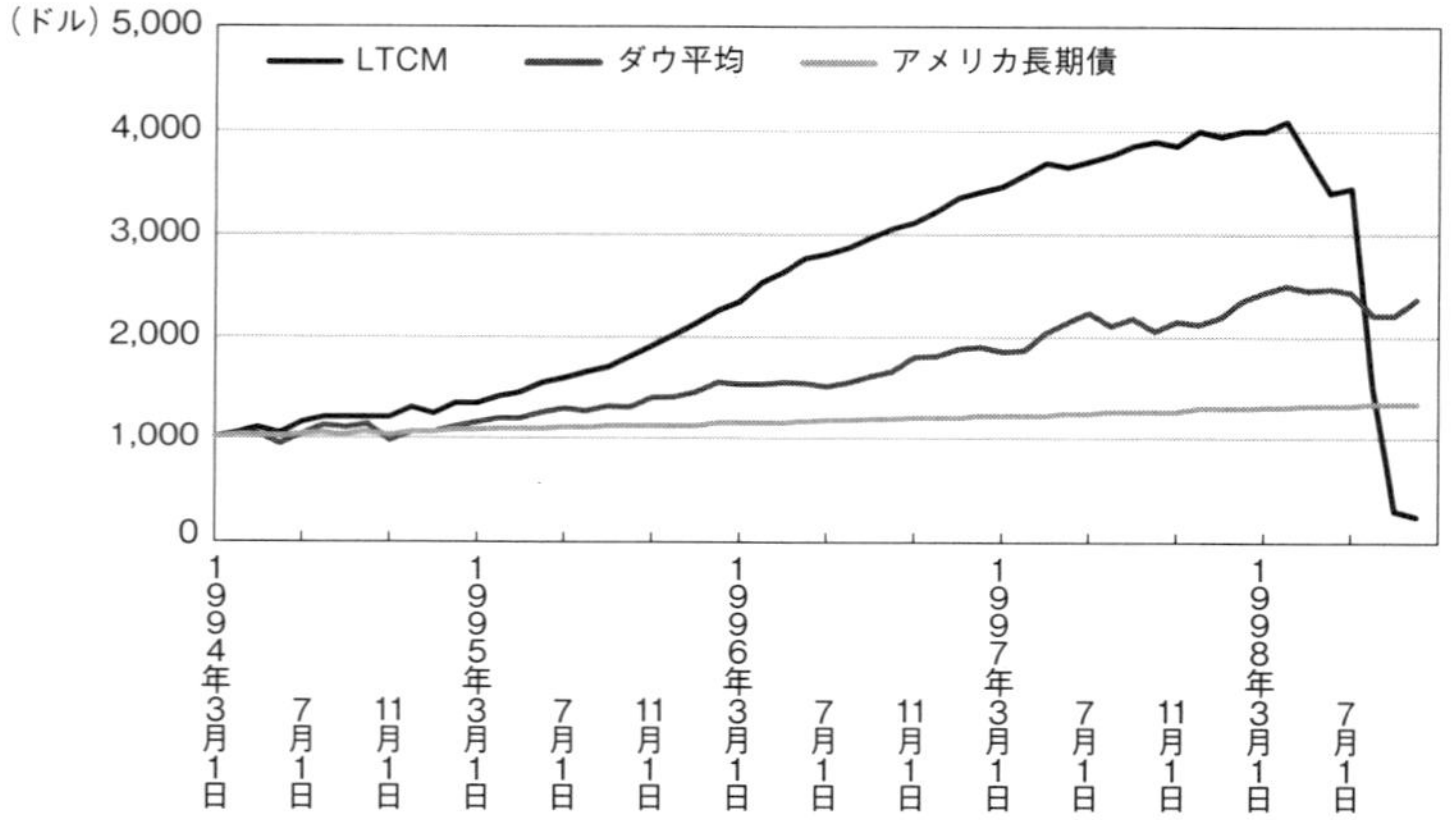

出所：ロジャー・ローウェンスタイン『最強ヘッジファンドLTCMの興亡』

M）というヘッジファンドが、一九九四年にアメリカで運用を開始しました。アメリカのFRB（連邦準備制度理事会）の元副議長デビッド・マリンズやノーベル経済学賞を受賞したマイロン・ショールズとロバート・マートンなど経済のレジェンドが取締役に名を連《つら》ねて、LTCMは世界中から注目されました。

　このヘッジファンド界のドリームチームと呼ばれた運用チームは、当初から素晴らしいパフォーマンスを叩き出します（図表⑩参照）。ところが、一九九八年にロシア国債のデフォルト（債務不履行）により、新興国の債券市場が暴落、彼らのポートフォリオも大きな赤字を出して倒産してしまいます。

ファンド運用の世界では、一時的にスターになることはあっても、長い期間スターであり続けることは極めて難しいことなのです。

ここに面白い調査結果があります。一九九六年から二〇〇二年までの期間というのは、アメリカ株が大幅に上昇し、いわゆるITバブルを経て大幅に下落した時期です。この調査は、全八五一ファンドを調査し、一九九六年から一九九九年までの期間に大きく上昇したトップのファンドマネージャーがその後どうなったかを追跡調査したものです。

一九九六年から一九九九年までのあいだで、ランキング一位のファンドは、なんと年率で六〇%を超えるスーパーファンドだったのですが、このファンドにこの期間投資していれば、一〇〇万円がピーク時には五〇〇万円に迫るくらいの素晴らしいパフォーマンスを示したのです。

では、ITバブル崩壊後はどうでしょうか。この調査会社によると、一位だったこのファンドは、崩壊後には八四一位になったそうです。

バブルが崩壊したとしても、損失が少ないファンドはありますので、そういうファンドは順位が高いはずですから、やはり、八四一位ということは相当悪いわけです。要する

図表⑪　世界のスーパースターのファンドマネージャーはどうなったか？

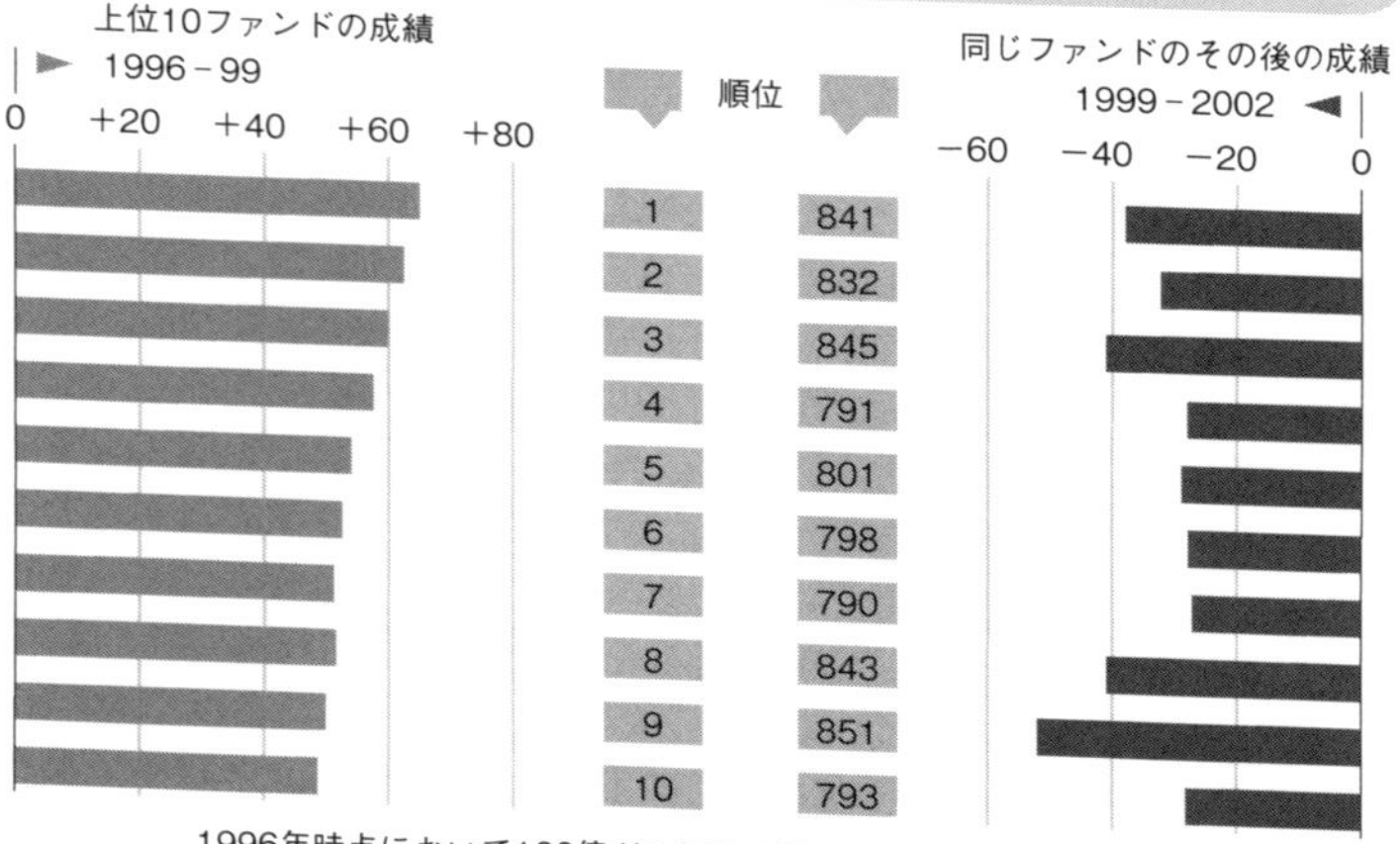

1996年時点において100億ドル以上の運用資産がある851ファンドを調査

出所：Bogle Financial Markets Research CenterとLipper Inc.の調査結果

図表⑫　トップファンドに100万円投資した人と株価指数に100万円投資した人の富の変化

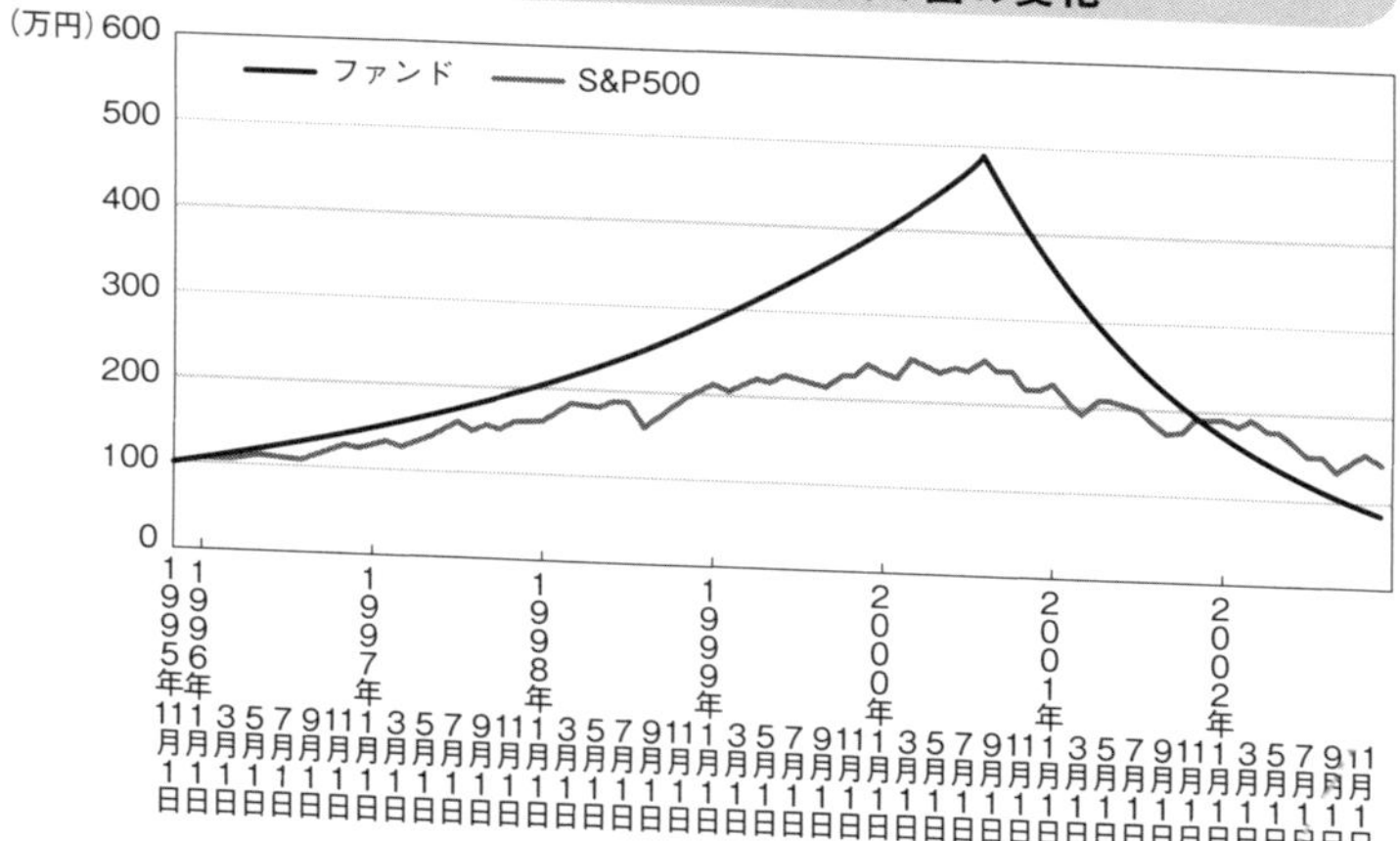

＊図表は筆者による作成

に、投資家を大損させてしまったということです。

ここからひとつの教訓が得られます。現段階で儲けまくっているファンドがあったとしても、それは決して将来も儲け続けることを意味しない、ということです。それどころか、筆者による試算を表した図表⑫で明らかなように、この一位のファンドをずっと持っていた人よりも、S&P五〇〇種の株価指数連動型ETF（Exchange Traded Fundsの略。上場投資信託）をずっと持っていた人のほうが、結果的にはお金が増えたということが分かるでしょう（図表⑪⑫参照）。

期間が二〇年なら最も運の悪い人でも

このように、どんなプロでも勝ち続けるのは難しい世界ではありますが、改めて「株で儲ける方法は」と訊かれれば、私はこう答えます。

「短期的に大金持ちになろうとせず、こつこつ長期投資をするなら、リスクを最小限に抑えて儲けることができますよ」と。

長期というのは、一〇年や二〇年というスケールの時間で、長ければ長いほど確実に利益は上がります。

図表⑬　101年間におけるアメリカ株式の保有期間別株式プレミアム

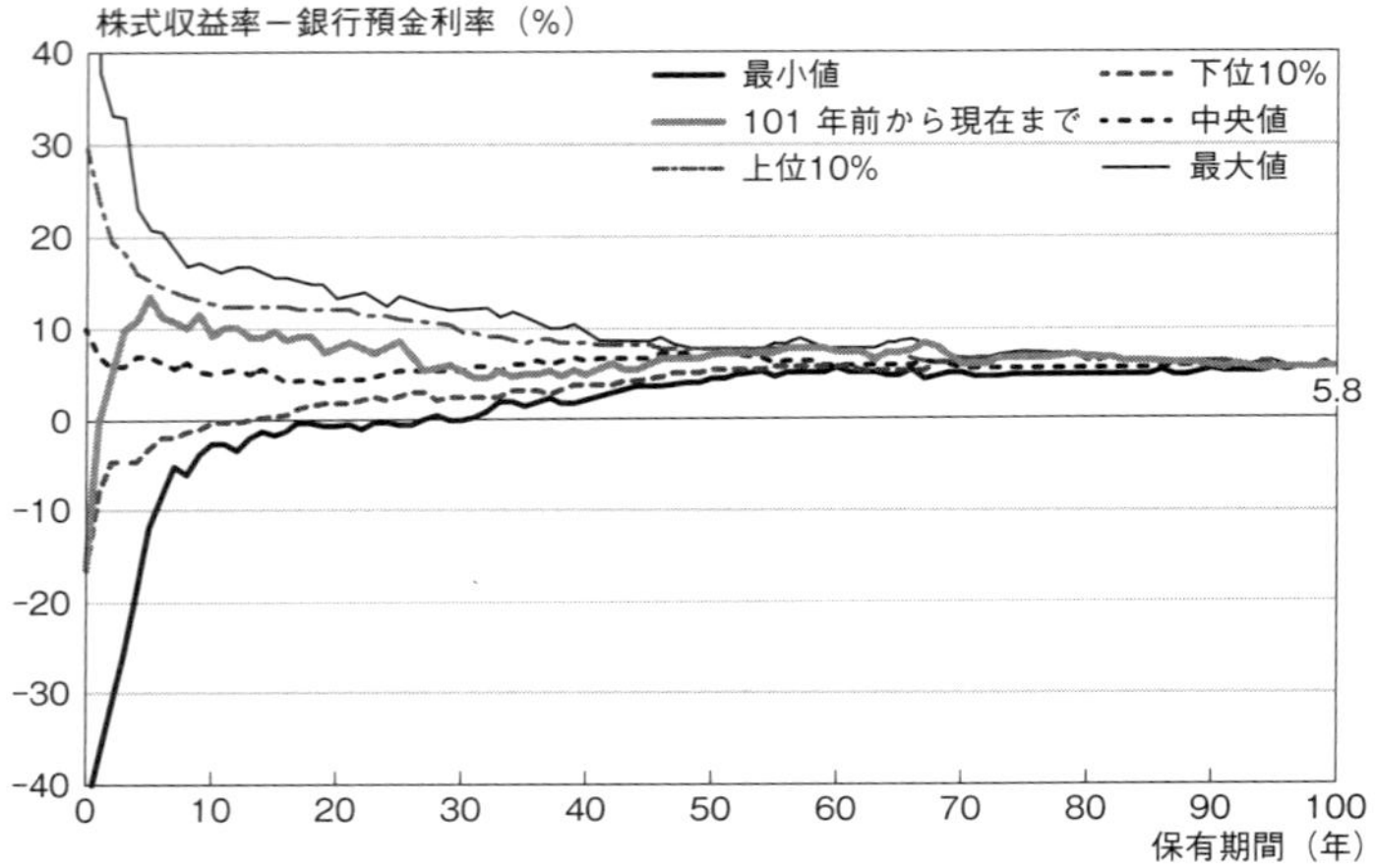

出所：『Triumph of the Optimists』Princeton University Press

イギリスの研究者たちが定期的に公開しているデータを分析してまとめた『Triumph of the Optimists（楽観主義者の大勝利）』という本があります。そこにこんな図が載っています（図表⑬参照）。

これはアメリカの株式プレミアムを面白い角度で示している図です。最大値と書いているのは、最も良いタイミングで投資を始めた人の場合で、最小値と書いてあるのは最悪のタイミングで投資を始めた人の場合です。長期に保有すればするほど、タイミングは重要ではなくなって、結局一〇〇年保有したら、インフレを考慮した実質年率にして五・八％程度、銀行預金よりも良かったという結果を表しています。

保有年数が一年では、運の悪い人はとても大きい損失を出してしまいます。しかし、保有期間が二〇年になると、最も運の悪い人でも、銀行預金をしていた人と同じぐらいの損益に落ち着く、ということです。

現在であれば銀行に預けても、利息はほとんどゼロです。それは日本にインフレがないから。インフレのある国に行けば利息はたっぷり付いてきます。ただ、トルコやブラジルといった新興国にはインフレがあるので利息そのものは付いていますが、結局はインフレで価値が目減りしますので、銀行に預けていても資産を増やすことはできません。

金利が高くても低くても、結局、どの世界にいても、株式資産を持っていないということは、みすみす資産形成する機会を放棄していることになるのです。

第5章

凄腕トレーダーvs.AI

阪神・淡路大震災で日本株買いに走ったトレーダー

株式市場と投資家の心には微妙な関係があります。株価の変動に際しては、いつもしたり顔をした専門家が、あーだこーだと後講釈《あとこうしゃく》をしますので、あたかもそれが真実のように感じられるかもしれません。ただ、こうした解釈には思い込みや誤りが含まれていることが多いのです。

たとえば皆さんは、「阪神・淡路大震災」が発生したあと株価はどうなったと思いますか。東日本大震災のイメージで考えれば、大暴落したはずだと想像するかもしれません。

でも、実のところ意外な展開を見せたのです――。

一九九五年一月に発生した阪神・淡路大震災のときの株式市場の動向を紹介したいと思います。株式市場は、悪いことが起こったから下がる、良いことが起こったから上がるという単純なものではないのです。出来事のインパクトもさることながら、その出来事を投資家がどう感じるかという心の動きが重要となります。

この阪神・淡路大震災時の動きが、株式市場のユニークな側面をよく表しているので、ここで詳細に見てみたいと思います。図表⑭は、阪神・淡路大震災が発生した一九九五年

図表⑭　阪神・淡路大震災発生から24日までの株価指数と新聞記事

日付	株価指数	新聞報道（専門家の意見）
1995年1月13日	19331.17	
1月17日	19241.32	未明に兵庫県南部を襲った大地震により阪神・淡路大震災発生。
1月18日	19223.31	地震被害が明らかになるにつれて、日経平均は一時243円安の水準まで売られたが、次第に落ち着きを取り戻した。保険金の支払いがかさむという連想が働いた損害保険株を売り、特需が見込めるとの観測がでた公共投資関連株を買う動きがあった。ただ、専門家のあいだでは、この地震の株式相場への影響は一時的と予想する声が多い。
1月19日	19075.74	地震関連株が買われ、商いが膨らんできたが、機関投資家は３月決算を間近に控えて動きが鈍く、外国人投資家のあいだでも前年後半から売りこし基調が続いている。下値不安は薄いが、本格的な株価上昇も期待できない。
1月20日	18840.22	株価の下値不安は小さい。企業業績は回復基調にあり、緩やかながら景気は回復基調にあるからだ。一段の深押しはなさそうである。
1月23日	17785.49	地震被害などの懸念要因が多い。３月末に向けて、企業などが特別損失の穴埋めや復興資金手当を目的に、株式などを売却する動きが予想される。裁定取引の買い残高が13億株台に乗せてきているのも気がかり。
1月24日	18060.73	日本株式の資本効率が低下しており、株価の水準は実力を映さず割高である。経営改革が必要であろう。

＊図表は筆者による作成

一月一七日の四日前の金曜日（一三日）から二四日までの株式市場の動向と新聞記事をまとめたものです。

大震災の影響で株式市場は大暴落しています。これは当然の結果と考えられますが、株価の動向を追っていくと、震災発生当初の不思議な動きの存在に気がつきます。マーケットの動きは単純ではないのです。

阪神・淡路大震災は、早朝五時四六分五二秒に発生しました。災害の様子が朝から報道されて、昼過ぎには被害の大きさが明らかになりました。

このとき私は、東京のＵＢＳ証券で働いていたので、テレビの画面に映し出される故郷・神戸の街を見て、大きなショックを受けたことを鮮明に憶えています。地元にいる家族や親戚、友人の安否が気になりながらも、マーケットの動きを見守っていました。

私は、その日のうちに急激に大暴落すると確信していました。が、マーケットの反応はまちまちでした。午前中に多少は売られたものの、大きく下落するようなことはありませんでした。

この動きには面食らってしまいました。高速道路が倒れるような大震災で、多くの死者が出ていることをニュースで知りましたので、当然、株価はストップ安を付けると思っていたからです。多くのプロも、そう考えていました。

ところが、この日、裏では大変なことが起きていたのです。当時、ベアリングズ証券というイギリス系の投資銀行にニック・リーソンというトレーダーがいました。彼は、震災が発生する前から非常に強気なポジションを日経平均先物で取っていたのです。

のちに逮捕される彼は、こう語ります。

「日経平均先物のロングポジション（買い持ちのポジションで、相場が上昇すれば利益、下落すれば損失となる）を大きく持っていたので、相場を下げさせるわけにはいかないと思った」と。

トレーダーとして利益を上げ続けていた彼は、知らず知らずのうちに大きなポジションを取っており、そんななか、運悪く阪神・淡路大震災が発生してしまったわけです。

「このままでは日経平均は大きく値を下げるはずだ。そのときには大きな損失が出るに違いない――」

慌てた彼は、こともあろうに、隠れ口座を使って、日経平均先物相場を買い支えるという暴挙に走ります。当然、証券会社一社が多少のポジションを取るぐらいでは相場全体を支えることなどできるわけがありません。

しかし、彼はベアリングズ証券どころか、親会社のベアリングズ銀行を吹っ飛ばすぐらいの大きな注文を出して、相場の支えに入ったのです。そのおかげで、日経平均株価は大暴落することなく、当日は小幅安で終わりました。

そして震災翌日、一八日の新聞には、なんと公共投資や地震関連の銘柄の上昇が伝えられていました。そうなんです！ 株価指数が下がらないことで、市場参加者は慌てて株を売るのではなく、一部の銘柄には「買い」が入るという珍現象が起きたのです。

人間は新しい情報に接したとき、それの意味することを他人と相談しながら決めていきます。この場合の他人とは、市場参加者。本来ならば、すぐに大暴落しても不思議ではない大震災という事件も、ニック・リーソンが不正取引に手を染めて大胆に買い支えた結果、相場のムードが変わったのです。

そして、「あれ、暴落するかと思ったけど、そうでもないんだね。震災には負の面だけではなく、復興需要を喚起するというプラスの面もあるからね……」などと考え出すわけです。

大震災で株価が本格的に下落し始めるのは、その翌週……右往左往していた市場参加者全体の考えがある方向に一致し始めて、それを感じた多くの投資家が「だから暴落するに違いない」と確信した結果、株価の大変動につながっていきました。

ここで留意したいのは、プロの投資家といえども、大きなニュースの本当の意味をすぐには咀嚼《そしゃく》できずに、マーケットの動きに答えを求めるということです。

トランプ大統領誕生に見る投資家心理の不思議

二〇一六年一一月、ドナルド・トランプ大統領誕生が決まったときの日経平均株価の動きを覚えているでしょうか。大方の予想がヒラリー・クリントンの勝利に傾いていましたので、大番狂わせのトランプ氏優勢が伝えられると日経平均株価は大混乱、五・三六％も大暴落するという結果になりました。

ところが一夜明けてみると、海外市場ではそれほどの波乱は起きていません。これを見た日本の市場は、下がった分をそのまま取り戻すかのように大幅上昇、その後、海外市場と歩調を合わせるようにどんどん年初来高値を更新していったのです。

大統領選挙前までは、株式市場の専門家の多くは、「トランプ大統領に決まったら株式市場は大混乱に陥る」と予想していました。しかし振り返ってみれば、トランプ大統領の誕生は「絶好の買い場」だったことになります。そして上昇に転じてからは、専門家たちも「トランプ新大統領の経済成長に期待感が広がる」といったことを節操なく言い出すわけです。

でも、少し冷静になって考えてください。時価総額が六〇〇兆円にも迫る大きな市場が、簡単に五％（三〇兆円分）の価値が減ったり戻ったりするのです。株式価値はファンダメンタルズで決まるというこれまでのファイナンス理論は、「人間の心理」というとても重要なファクターを忘れていますね。

つまり、人間心理がどう傾くかを読むことができないと、とても痛い目に遭う、ということです。

不安心理を数値情報に換えＡＩに入力

どんなときでも投資家の心のなかは不安でいっぱいです。たとえ阪神・淡路大震災クラスの大災害が起きても、自分で判断してすぐに行動に移すことはためらわれます。

行動しようとすると、「お前のその判断に確証はあるのか」「間違っていたらどうする」と、もう一人の自分が囁《ささや》きます。学校の試験のように正解がある世界とは違うので、投資家は「自分の判断は間違っているかもしれない」「大きな損をしてしまうかもしれない」という不安と常に闘っているのです。

まして、経験の浅い個人投資家が損をする不安を乗り越えて、自分の判断で株式投資をすることは簡単ではありません。出来事が大きければ大きいほど、人は一人で決断できなくなるということが、心理学の研究で実証されています。

古いギャグで恐縮ですが、一九八〇年代にこういう言葉が流行りました。

「赤信号みんなで渡れば怖くない」――この言葉が示すように、多くの人間は「群集行動

（ハーディング）」に流れてしまう傾向が強いということなのです。

投資の世界でも同じことがいえます。

判断を迫られるような出来事が起こったとき、三割の個人投資家は、自分の判断を信じて比較的すぐに行動します。四割の個人投資家は、世の中が動き出してから行動します。残りの三割の個人投資家は、株価が下落し始めたのを見て、慌てて行動に移します。

このように、株式市場を複雑にする投資家の不安心理ですが、これを数値として扱うことはとても重要です。現代のように、様々な人々が、いろいろな思いをウェブ上に吐露する時代では、大規模にデータを集めてこの不安心理を何らかの数値情報に変換し、ＡＩに入力することで、株価予想の一助とすることができるのです。

群集行動が始まると本来の価値とは無関係に

阪神・淡路大震災のときの株価動向から、人間の行動原理のなかに群集行動があることが読み取れます。何かが起こったときに、多くの投資家は、まずほかの投資家がどういう行動を取るのかを観察し、そして多くの場合、まねるという行動を取ります。こうした群集行動の理論モデルを最初に論文化したのが、マサチューセッツ工科大学のバナジー教授

（Abhijit Vinayak Banerjee）です。

彼のモデルを簡単に説明するとこうです。

いま、あなたはAとBという隣接するレストランのどちらに行こうかと迷っています。どちらのレストランの料理が美味しいかは分かっていません。

そこで、外から店の様子をうかがっていると、どうもAレストランには一組のカップルが入っていて、Bレストランには誰もいないようです。さて、あなたならどちらのレストランを選択するでしょうか。

その二つのレストランの事前情報がない状況では、人が入っているレストランを選ぶのではないでしょうか。「流行《はや》っているか否《いな》か」は、ある意味、そのレストランの質に関する重要な情報だと考えられるからです。

そうして、あなたがAレストランを選んだとしましょう。すると、あなたがAレストランを選択することで、Aレストランには三人の客、Bレストランには誰もいないという状況が生まれます。

すると次にレストランの前を通る人も、特にどちらでもいいと考えている人であれば、Aレストランを選択するでしょう。

このような行動が繰り返されることで、Ａレストランにばかり人が集まる状況になります。そうなると、当初はＢレストランを目当てに来た人でさえ、混み合っているＡレストランのほうがいいと思えてしまい、かわいそうなＢレストランは、味は悪くないのにＡレストランばかりに客を取られてしまう、ということが起こり得るのです。

群集行動がいったん始まると、本来的な価値とは無関係なところで価値が決定づけられてしまいます。こういう現象は、とりわけ真の価値が分かりにくい対象の選択において起こりやすくなります。株式の真の価値は、専門家でもはっきりと断言することは難しいですね。

ソニーの時価総額は、二〇一八年三月現在、約六・七兆円ですが、五兆円といわれても、三兆円といわれても、割高か割安かの判断は即座には難しいですよね。このように価値推定が難しいものを市場では日々取り引きしているのですが、「何が正しいのか」が分かりにくい環境では、群集行動の影響を大きく受けます。

群集行動によって大きく価値を失った企業を、「ここまで売られる理由はないではないか」と冷静に読めることが、長期的に良い資産運用をするうえで、たいへん重要なことなのです。

群集行動をモデル化し時系列で観察

相場の格言に、「人の行く裏に道あり花の山」というものがあります。「株式市場で利益を得るためには、他人とは逆の行動を取らなくてはならない」というのが、この格言の意味です。

私は常々、この格言は「相場の真実」を語っていると感じています。ここでいう多くの人が行く道とは、明るいバラ色の将来ばかりが語られる企業に投資することや、駄目の烙《らく》印《いん》を押された株式を売却することです。

業績が良いといわれてきて、すでに上がった株を買ったり、悪材料がたくさん出て相当下落した株を売ったりすることは、抵抗感が少ない行為です。良い株を買って、悪い株を売るという行為ですから。

しかし、概《おおむ》ね良いニュースは株価に反映されているものです。したがって勝率の良い投資だとはいいにくいですね。逆に悪い材料が出て株価が下がっているということは、もしかしたら割安な水準になっているのかもしれません。

格言が示すとおり、あまりにも皆のコンセンサスが一方向にまとまっているときは、むしろ逆のことをするほうがいい。皆がワッショイワッショイと買っているときに静観する態度の先に、大きな利益があるのです。

そこで群集行動をモデル化し、時系列で「ワッショイワッショイ」の程度を観察することができれば、花の山に導いてくれる投資のタイミングを特定することができる、と考えられます。群集行動が極みに達するときには、本来の価値以上を株価が示したり、価値以下に叩き売られたりしますので、そのときには多くの人と反対のポジションを取ることで、大きな利益（花の山）が見込めるわけです。

以下、ＡＩを使って、群集行動の特徴量を計算し、買いタイミングを探るモデルをご紹介しましょう。

ある凄腕トレーダーの洞察力

私がかつて勤めていたＵＢＳ証券に、Ｄさんという凄腕《すごうで》の現物株トレーダーがいました。投資理論などは勉強したことがなく、職人気質《かたぎ》の寡黙《かもく》な人でした。業界経験が長く、典型的な叩き上げのトレーダーですが、Ｄさんはとりわけ優秀でした。

何より利益の出し方が素晴らしい。成績を見ると、毎月毎月コンスタントに利益を積み上げていくのです。凄い人がいるものだと気にはなっていたのですが、なかなか話をする機会がありませんでした。

ある日、株式相場は高値で寄り付きましたが、その後ジリジリ下がってくる展開となりました。いわゆる「寄り付き天井《てんじょう》」です。

結果的に、その日は大きな陰線《いんせん》（株価下落でローソク足〔値動きを時系列に沿って図表として表す手法のひとつ。始値と終値は長方形のローソク足の実体で、期間中の安値と高値はそこから伸びる太線（ヒゲ）で表現〕チャートが黒く塗られること）を入れる日となります。

私は強気でしたので、相場が反落するとは思わず、結構な損失を出していました。ところが、この日もDさんは利益を積み上げていたのです。

そこで私は、思い切って尋ねてみることにしました。

「Dさん、今日の雰囲気で、よく相場が寄り付き天井だと分かりましたね」

すると、Dさんはいいました。

「そんなの分かるわけないじゃない。ただ、今日上がっているときに、どうもこれまでみんながワッショイワッショイと買っていた一部の銘柄群が、相場について行かなくなり始めたんだよ。そのなかから、とりわけ値動きが悪かったいくつかの銘柄を選んで、空売りしてみたのさ。もし自分の判断が間違っていれば、すぐに損になるところなんだが、スッと値が下がる。ああ、これはこれまでの勢いがないな……ということで大きく空売りしたんだ。意外に大きく下落したので、引け値ですべて買い戻したけどね」

つまり彼は、常にある範囲の銘柄群を時系列でモニターし、その挙動のなかに投資家行動の変化を嗅《か》ぎとっていたわけです。

Dさんは、どうしてこのような判断ができたのでしょう。そこには、彼が長年相場と格闘して体得した、群集投資家の動きに対する洞察力があったからだと思います。長年の学習の末に確認するに至ったある種のパターン認識が、Dさんの脳内で出来上がっているのでしょう。

凄腕トレーダーのパターン認識をアルゴリズム化

そんなDさんには、得意な相場のパターンと、そうではないパターンとがあります。彼が素晴らしいのは、自分の強みと弱点をよく知っており、決して無理な取引をしないということ。よく分からないときは、小さな損失で手仕舞ってしまい、何もしません。そうして、よく分かる相場が来るのをじっと待つわけです。

そんな彼のパターン認識を、ＡＩを使ってアルゴリズム化できれば、Ｄさんが見ていた範囲よりも、より広範な銘柄の動向を監視することができるようになるはずです。また、パターン認識についても同様。人間が観察できるのはせいぜい株価の動きと、出来高の動きくらいでしょうが、もっと格段に複雑な要素も認識させることが可能になります。

ただ、これを実現させるためには、Ｄさんが見て感じていたものを数値化してやる必要があります。

「どうもこれまでみんながワッショイワッショイと買っていた一部の銘柄群が、相場について行かなくなり始めたんだよ」――これをどう数学的に処理していけばよいのかということです。

そこで私たちは、全体を俯瞰《ふかん》することで、皆が同じ方向を向いているかどうかを可視化するモデルを開発することにしました。

まず、「皆が同じ方向を向く」の定義を決めます。ここで、「皆が同じ方向を向く＝株価が同じような動きをする」と定めることにします。そして、どの程度、皆が同じ方向を向いているのかを測定するために、全上場銘柄三六〇〇あまりのうち何銘柄が同じように動いているのか、という尺度を用います。

株価指数が下落する場合でも、必ずしも多くの銘柄が売られているとは限りません。たとえば、一部の影響力の大きな大型銘柄だけが売られて下落している場合と、多くの銘柄が少しずつ下げている場合があります。一部の銘柄だけの動向であれば、それほど影響は大きくないと考えられますが、全体に少しずつ下落しているとすると、それは良い傾向とはいえません。

以下、こうした銘柄の関係性をグラフ（データ構造）で表現していくことにします。そもそもグラフとは何なのか、どういったものがグラフなのか、また株価の変動をグラフによってどのように可視化するのか、そうした流れを説明しましょう。

リーマン・ショックで起きたことが一目瞭然に

さて、グラフという言葉から皆さんはどのようなものを想像されるでしょうか。数量変化、大小関係、割合といったものを、円や折れ線などで表した図を連想されるのではないでしょうか。

ただ、これから説明するグラフは別のもので、様々なものの関係性に着目して構成した

図表⑮　5銘柄の関係性を表現したグラフ

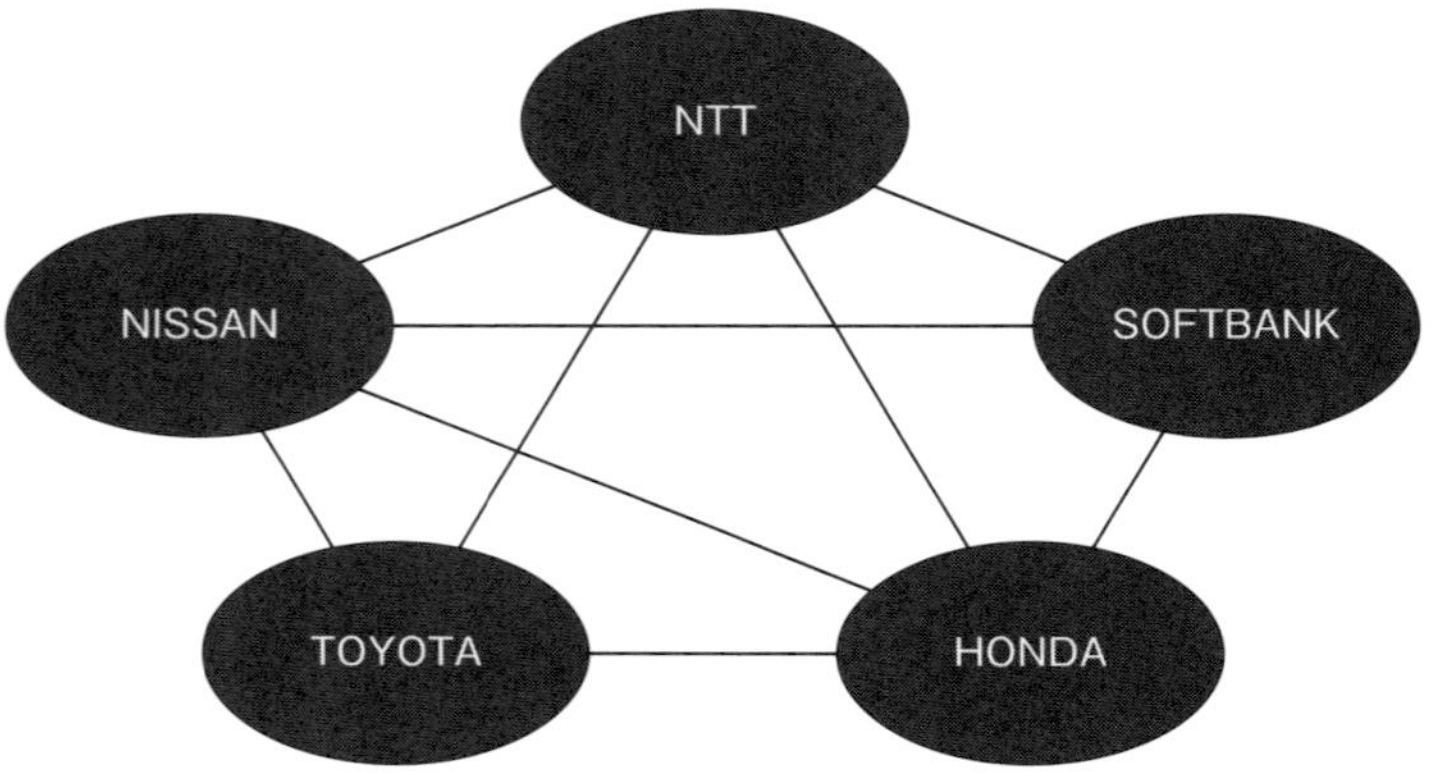

＊図表は筆者による作成

抽象化された図を指します。

図表⑮では、日本の上場企業五銘柄（五社）の、それぞれのある期間における株価変動の関係性について示します。日本国内の全上場銘柄を単純化して示すために、上場銘柄を、ＮＴＴ、ソフトバンク、日産自動車、トヨタ自動車、本田技研工業の五社しかないと考えてください。

この五社の上場銘柄のそれぞれの関係性はどうなっているのか。各銘柄の動きをグラフという形で、可視化してみました。

このとき、ＮＴＴ、ソフトバンク、日産自動車、トヨタ自動車、本田技研工業の五社を「ノード」と呼びます。ここでは楕円形で示しました。また、ノードとノードの

図表⑯ 2008年9月22日時点の100銘柄の関係性グラフ

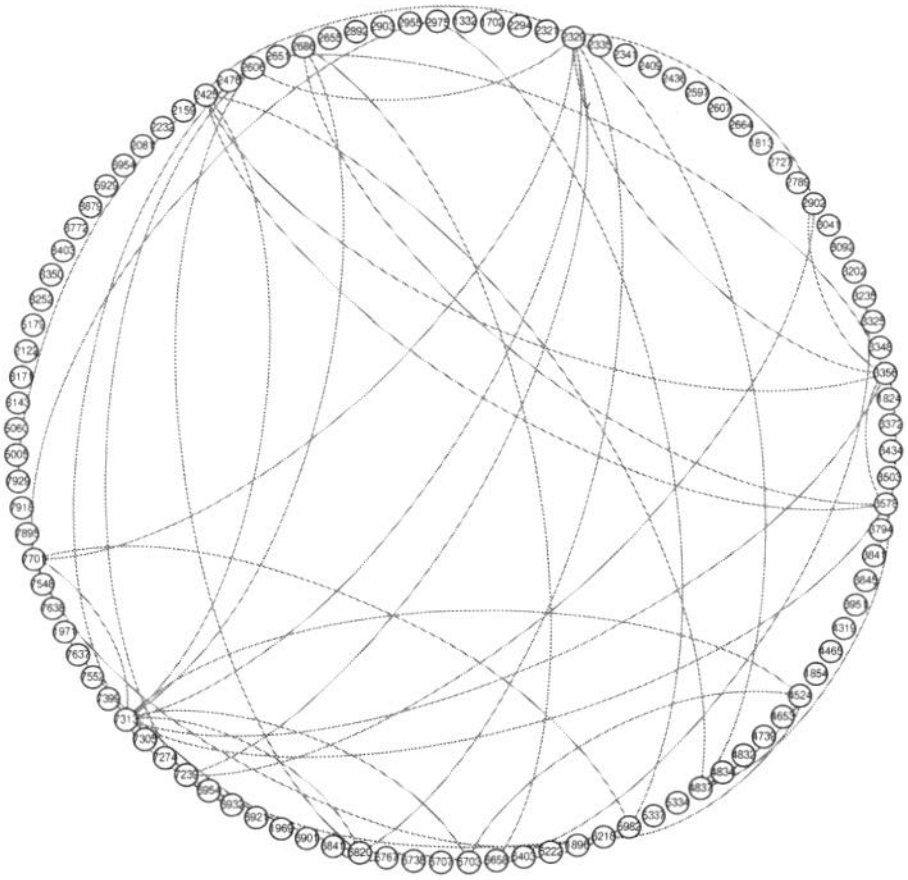

出所：岡田・羽室 人工知能学会Proceedings 2017年

あいだに引かれる線を「エッジ」といいます。

今回は、関係性を「過去一定期間における値動きの類似性」と定義してエッジを引くことにしましょう。つまり、値動きが似ている銘柄同士がエッジという線で結ばれるということです。この図でいえば、ソフトバンクとトヨタ自動車の値動きは似ていないけれど、あとの銘柄はそれぞれに似た動きをしているということを表現しています。

次の例ではノードとなる会社の数を一〇〇銘柄（一〇〇社）に増やしてみましょう。ここで選んだ一〇〇社は東証一部のうち時価総額が大きい一〇〇銘柄を選んでいます。エッジを引くための関係性の定義ですが、先ほどの五社と同じく、「過去一定期間における値動きの類似性」として見ます。現実の株価をもとに、時系列でそれぞれのグラフを作り、それを並べて、見てみましょう。

前ページの図表⑯に示したのが、二〇〇八年九月二二日、リーマン・ショックが発生して少し落ち着いたときのグラフです。

周囲に並んでいる一〇〇個のノード、つまり丸のひとつひとつが銘柄（規模の大きい一〇〇社リストに入った各上場企業：ＴＯＰＩＸ一〇〇構成銘柄）を表しています。もちろん、このなかには先ほどの五社も入っていますし、名の知れたほかの大企業も含まれているわけです。

そして、銘柄と銘柄のあいだで結ばれている線（エッジ）は、過去一〇日間の値動きが近いもの同士を結んでいます。

リーマン・ショックが起こった日、いったん下がった市場が小康状態になり、相場が落ち着いているときでした。落ち着いているときは、皆がそれぞれの銘柄に対する思いで売買しますので、ある銘柄は上昇し、ある銘柄は横ばい、また別の銘柄は下落、という具合にまちまちの動き方をします。

だからなのか、それほど線が多くないのが特徴です。つまり、同じ値動きをした企業は多くないということが、このグラフを見ることで一目瞭然《いちもくりょうぜん》になります。

ちなみに、ノード間（ここではＴＯＰＩＸ一〇〇構成銘柄に入っている一〇〇社の上場企業間）に引かれた線（エッジ）の数を、そのグラフで引くことができる最大の線の数で割ったものを、「エッジ密度（Edge Density）」と呼んでいます。

たとえば、フェイスブックに登録されている自分の友だちは全員大学時代の同じクラブの面々であれば、皆それぞれ友だち同士ですから、このコミュニティーのエッジ密度は高くなります。逆に、ある有名人を中心としたコミュニティーで、構成員はその有名人とつながっているが、構成員同士は他人だという場合、そのコミュニティーのエッジ密度は低くなります。

話のテーマを上場一〇〇社に戻すと、一社当たり最大九九社とのあいだにエッジを引くことができます。その一社がそれぞれの九九社とのあいだに線を引くとエッジ密度が最大となり、逆にノード間にいっさい線が引かれていないと、密度が最少となるわけです。

二〇〇八年九月二二日の相場の場合はどうでしょうか。このときは、相場が落ち着きを取り戻していて、あまりエッジが引かれておらず、似たような動きはほとんど見せませんでした。つまり、エッジ密度が低い日だったというわけです。

銘柄の良否を判断できなくなったあとに

別の日のグラフも見てみましょう。次ページの図表⑰は、同じTOPIX一〇〇構成銘柄のそれぞれの関係性を、再度、大暴落した日の一〇月二二日に表したものです。

九月二二日のグラフに比べて、はっきりとエッジ密度が上昇し、銘柄間の関係性が濃くなっていることが分かります。どうしてこういうグラフになるのでしょうか。これは投資家が出口に殺到している様子を表していると解釈できます。

大きな下落の前には、必ず相場が弱くなります。その過程において、投資家が、一人抜け、二人抜け、最後に多くの投資家が出口に殺到することで、大暴落が起きるわけです。

分かりやすい例を挙げますと、東日本大震災が起こったあと、社会全体が沈み込んだようになったことを覚えているでしょう。このような大災害が起こったときは、決まってパニック状態に陥り、これ以上ないぐらいに悲観的になったりするわけです。リーマン・ショックのときもそうでした。

このグラフから、株をやっている人は、リーマン・ショックで東日本大震災同様のショ

図表⑰　2008年10月22日時点の100銘柄の関係性グラフ

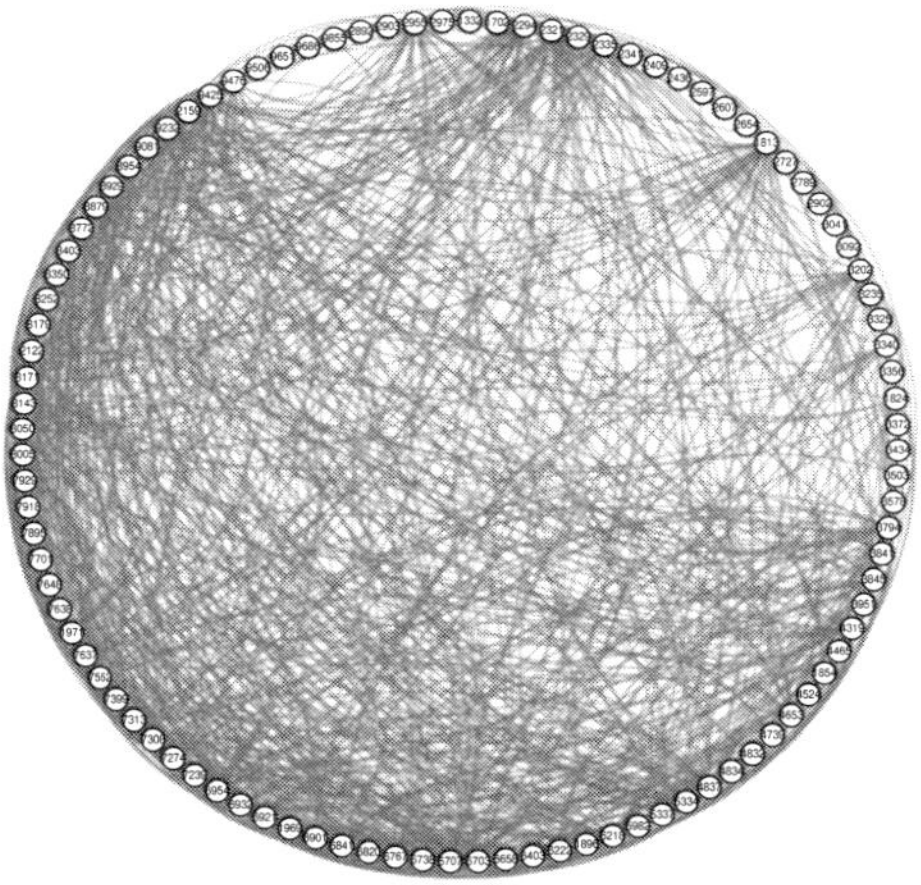

出所：岡田・羽室　人工知能学会Proceedings 2017年

ックを受けたことがうかがえます。

こうしたときは大多数の人が絶望的な気分になっていて、相対的に良い銘柄と悪い銘柄の区別を冷静に判別できなくなり、「もう株なんか見たくもない」「全部とにかく売ってくれ」などと証券会社に連絡が殺到するのです。

そして皆が皆、持っている銘柄という銘柄を売り始めてしまいます。

この結果、かなりの割合で投資家たちが群集行動を起こし始めると、すべての銘柄の値動きの相関が高まります。だから、エッジがたくさん張られることになり、エッジ密度がこれ以上ないくらい高くなってしまうのです。

AIが市場の状態を教えてくれるまでの作業

さて、実際に実務に用いるグラフを次ページの図表⑱に示しておきましょう。対象は全上場銘柄ですので、三六〇〇あまりの銘柄になります。だからノードの数は三六〇〇あまりということになります。ここでも五社や一〇〇社のときと同様に、同じような値動きをした場合はエッジを引き、そうでないときは引かない、というふうに定義します。

ノードの数が三六〇〇あまりもあるため、ノードのひとつひとつをもはや目で見て認識することができません。同じような値動きをしたからということで引かれるエッジにしても、やはり目で見て認識することはできません。一方、エッジ密度は、濃淡によって、大まかですが認識できますね。

グラフを時系列で並べて比較することで、市場全体のある日の断面が月の絵のように見えるのが分かるでしょう。

この月の絵は、マーケットが開いている日は毎日描かれます。銘柄間の関係性をどの程度値動きが似ているのかという定義にしていますので、「月」のグラフに描かれるエッジの数が日々増えたり減ったりしていくわけです。これを遠景で眺めてみると、「月」の色

図表⑱　全上場銘柄を周囲に配置し、ある日の関係性を見た全体像

出所：岡田・羽室　人工知能学会Proceedings 2017年

が黒に近くなったり、エッジ密度が低くなって白に近くなったりする変化として見られるようになります。

次ページの図表⑲は、九月二二日から一〇月二二日までの相場を並べてみました。

ここから分かることは、「月」の濃度が濃くなる日、すなわち、一〇月七日から一〇日にかけて相場が大暴落し、一〇日に大底（相場が最も下落した際の最安値）まで売り切られているということです。すなわち、一〇月二日くらいから群集行動に火が付いて、徐々に濃度が上がり、一〇月八日から一〇日にピークを迎え、その後、また落ち着きを徐々に取り戻していく状況が示されています。

図表⑲　9月22日から10月22日までの相場

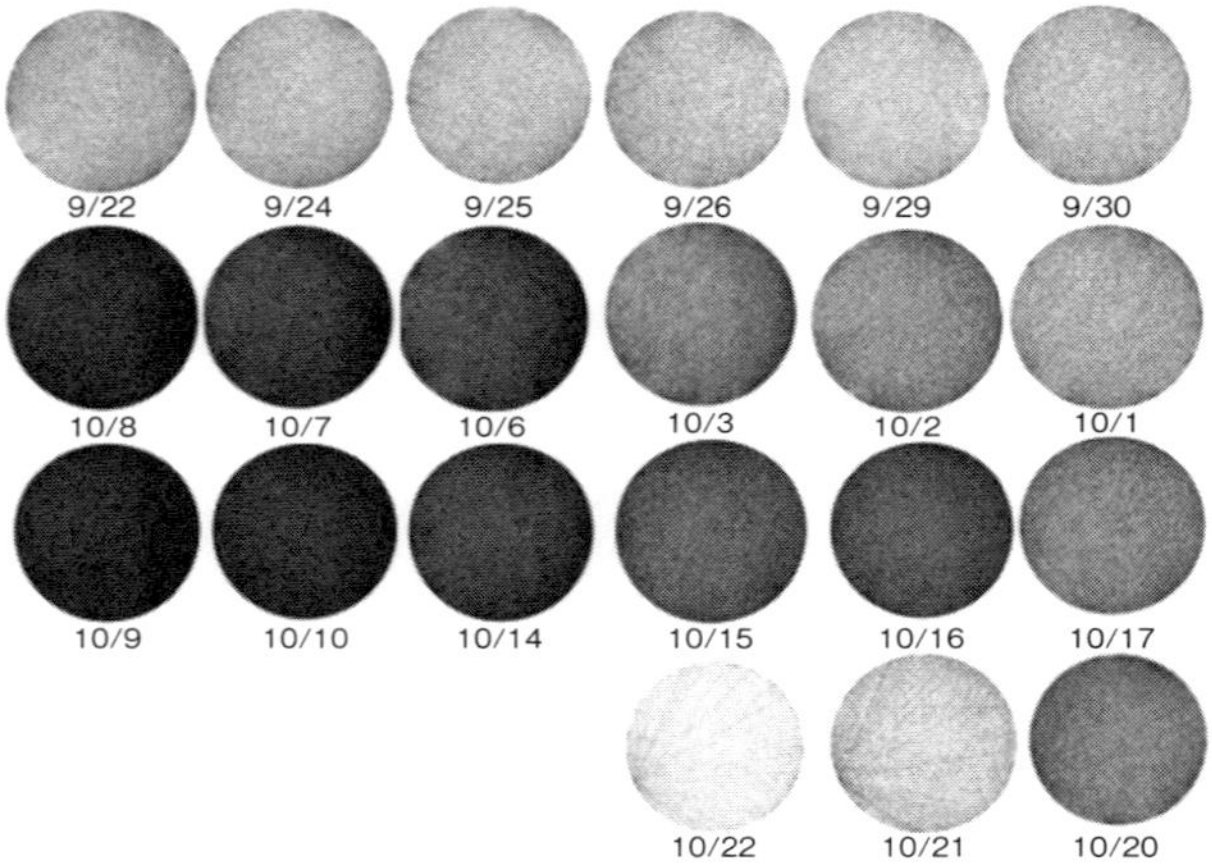

出所：岡田・羽室　人工知能学会Proceedings 2017年

ヒヨコの性別やネコの顔の判定をＡＩで行う場合、画像の特徴量をピクセルデータから導き出し、ＡＩが蓄積したビッグデータと比較することで判断がなされます。「月」の濃さの変化を記したこのグラフ群も同様です。

そう、「これは株価が△%下がったときの画像ですよ」というふうにＡＩに覚えさせていくんですね。そして新規の画像とＡＩの持つデータを比較することで、様々な判断をするのです。

すると、たとえば「月」の色が真っ黒ならば、「いまは株価が一〇%下がって、悲鳴が出ている確率が八〇%」などという具合にＡＩが答えてくれるわけです。

カリスマの脳内相場をＡＩが再現するには

ここまで、銘柄の関係性をグラフを用いて可視化することで、群集行動が見えてくる点について書いてきました。「関係性＝値動きの類似性」について説明してきましたが、類似性の定義には、そのほかにもいろいろなものが考えられます。

たとえば、「ニュース報道において、同一ニュースに同時に名前が挙げられているかどうか」で類似性を定義し、ある一定程度の近さのものだけに線（エッジ）を引くことも可能です。

この場合、複数の銘柄が併記されるようなニュース記事が多いときには月の濃度が濃くなり、ひとつのニュースにはひとつの銘柄しか挙げられない場合には月の濃度が薄くなる、といったふうにグラフが描けます。

これは、「ニュースへの共鳴」という特徴量を作ることにつながります。そして、共鳴している銘柄群の株価収益率をラベルとして扱うことで、たとえばあるセクター（業種）における共鳴が高まった場合は、そのセクターを中心とする相場が始まる可能性が検知できるかもしれません。

この特徴量ですが、ここでもう一度、復習しておきましょう。大量のヒヨコ写真のピクセルデータからコンピューターがヒヨコの性別を判別するという話ですね。

コンピューターはオスの特徴は何だろう、メスの特徴は何だろうと、教師たるデータから学習します。仮にヒヨコの微妙なヒップラインが性別を見分ける手がかりだとすると、ヒップラインにかかるピクセルデータの数値が、特徴量になるわけです。すなわち、目的（性別判断）を達成するために必要な見るべきポイントが特徴量なのです。

ただ、株価の値動きについていえば、変動している要因はその場その場で変わります。金融政策だったり、政治状況だったり、地政学的リスクだったり、どの要素の数値を判定に使えばよいのかが分かりにくいですね。つまり、画像診断のように機械的に特徴量を探すという単純な問題ではなく、モデル作りにもセンスが要求されるのです。

それでは、話を株価とグラフ（データ構造）に戻します。

株価の値動きについて、別の定義を与えてグラフを作ってみましょう。たとえば、「類似性＝上値が重い値動き」と定義するのはどうでしょうか。

この場合、全上場銘柄の日次の動きをローソク足で表し、上ヒゲが長い銘柄間にのみ線（エッジ）を引くことになります。上値が重そうな銘柄が増えるときに「月」の濃度が濃くなり、そうでもないときは薄くなるグラフとして表現することができるのです。

考えられる解釈とすれば、「月」の濃度が濃い日は、多くの銘柄群が上値に迷いがあるわけなので、そろそろ相場の上昇も一息つくかもしれないと感じているのでしょう。

これは投資家の迷いを表す特徴量を作ることにつながります。このように、投資家の群集行動をどういう側面から見るかという定義を定めるだけで、数多くのグラフが描写でき、特徴量もたくさん得られるわけです。

では、こういうグラフを見ながら、投資家はどのように取引をすればよいのでしょうか。「月」の濃淡を見ながら、将来の相場を予測できるのでしょうか。

ＵＢＳ証券のＤさんのようなエキスパートは、「月」の濃淡情報は持っていなかったかもしれませんが、自らの脳内に描写される相場の動きから意思決定していたわけです。それをＡＩにやらせるには、どうしたらいいのでしょうか。

ＡＩが株価の割安タイミングを教える

Ｄさんの脳内には、きっと仮説があったのだと思われます。

――市場が強気で高く寄り付いた日、もしこのまま強気相場が継続するのであれば、○

図表⑳　相場の底はどこか

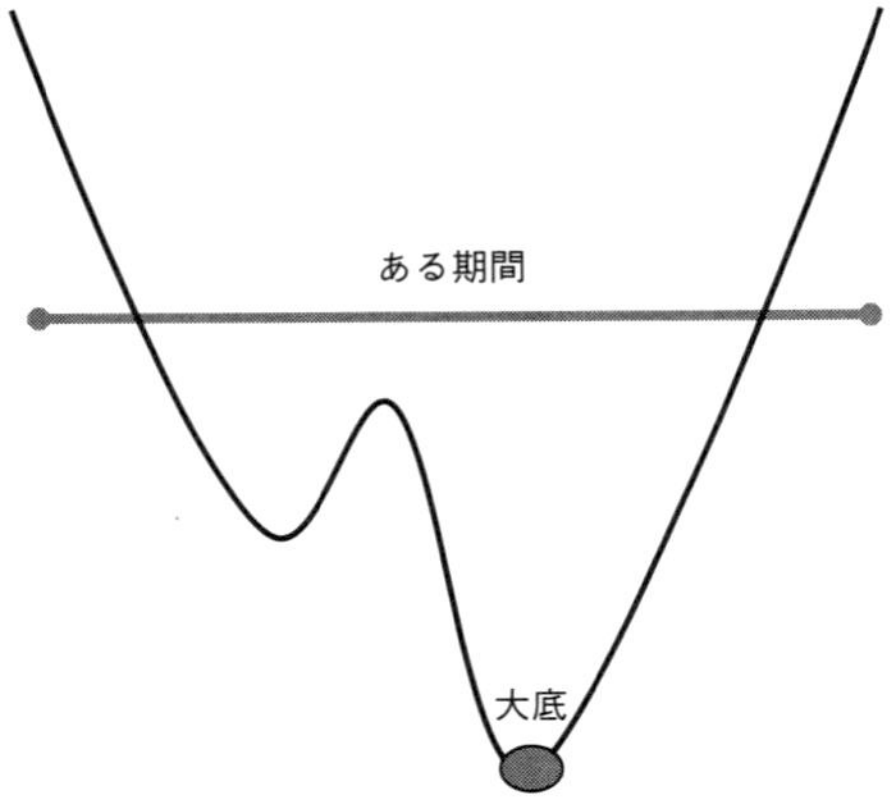

＊図表は筆者による作成

○という銘柄に対してはきっと多くの買いが集まるはずだ。ところが、○○という銘柄は全体のムードとは異なり、逆に下落しているではないか。これは強気相場が継続するという仮説が間違っているに違いない。

このように、常に市場がどう考えているかの仮説と検証を繰り返し、彼なりの必勝パターンを見つけているのです。

ＡＩにこの仮説設定と検証をさせるためには、仮説に対するデータを入力して検証させるしかありません。ＡＩは仮説を考えることができないからです。ＡＩができるのは、データから導き出せる関数の推定（機械学習では学習）だけです。人間の側が因果関係のある問題設定をしてあげなければ、出てきた関数はまったく信用できないものになってしまうのです。

したがって、ＡＩに株価の割安タイミングを学習させるには、市場が群集行動を起こして売りに傾いている程度（月のエッジ密度）と、株価の底の情報を活用します。群集心理と株価の売られ過ぎには因果関係があるから、こうした情報を特徴量として使うわけです。いったん群集行動が発生すると、株価を歪《ゆが》め、本来の価値以下の価格を付けてしまいますので、そのタイミングで投資すれば、株価はすぐに反発し、利益になるでしょう。

図表⑳をご覧ください。この図にあるような大底ポイントが来れば、「いまここが大底ポイントだよ」と教えてくれればいいわけです。

この質問にＡＩが答えるためには、過去に底を付けた日のパターンを学習しなければなりません。そのための判断材料となるのが、売られ過ぎ状態になることと因果関係のある様々な特徴量です。過去に群集行動で売られ過ぎた状態に陥ったときの様々な様子（様々な関係性を可視化した月の濃淡の情報）を与えて、数理的に判断させるのです。

もちろん、Ｄさんレベルの感覚を再現するための特徴量を、すぐに集めることは困難でしょう。私たちは日々、試行錯誤しながら、様々な特徴量を試し、Ｄさんの再現をＡＩでできるように模索しているのです。

第6章

心と株価に存在する季節性

株価に規則性はあるのか

この章では、株価動向の季節による規則性について見ていきます。

一九七三年に出版されて以来、全世界で読まれている『ウォール街のランダム・ウォーカー』（A Random Walk Down Wall Street：バートン・マルキール著）という書籍があります。プリンストン大学名誉教授のマルキール博士が著したこの名著は、アメリカだけで累計一五〇万部を超えて読まれています。

この著者の主張は、「株式市場の動きはランダムウォークである、規則性はない」というもの。そもそも株価動向の規則性を否定し、コイン投げと同じだと最初に証明したのが、モーリス・ケンダール（Maurice Kendall）という統計学者ですが、マルキール博士は、実務家にも分かりやすい事例を多く挙げ、「株価はランダムウォーク、すなわち規則性がないので、株価の予測は不可能だし、株式の短期売買で利益を出すことはできない」という強いメッセージを伝えています。

現実にはどうなのでしょうか。仮にランダムウォークだとすれば、将来予測は不可能だということを意味しますから、トレーディングは無意味なことです。よくチャートを根拠に取り引きするトレーダーが、「ここに抵抗線（上値抵抗線。過去の上値同士を結んだ線）があるから、これより値が上がれば、どんどん上がるぞ」などとコメントをしていますが、これなどまったく無意味だということですね。

しかし、前述したＵＢＳ証券のＤさんのように、継続的に利益を上げることができるトレーダーも、実際には存在するわけです。株価動向がランダムウォークだという事実と、継続的に利益を上げるトレーダーが存在することとは、矛盾《むじゅん》しないのでしょうか。

実は、株価動向はランダムウォークなのですが、株価を動かしている投資家心理はランダムウォークではありません。しっかり規則性があるわけです。

有能なトレーダーのＤさんは、株価の動きから投資家心理を読み取り、無作為に賭けると五分五分の勝負になってしまうところを取り引きせず、分の良い賭けだけをやり続けることができたのです。

株価そのものではなく投資家行動を予測

株価は、個別企業の業績や業界動向といったファンダメンタルズ以外にも、社会の動き、ニュース報道、銘柄の勢い、時代の空気、気温、湿度、天候など、いろいろな要素が混じり合った結果で動きます。したがって、株価そのものの動向を観察すると、ランダムに動いているように見えても、構成要素に分解すると見えてくる規則性があるのです。

先述したグラフ（データ構造）を用いた「群集行動」の要素解析では、投資家が群集行動に走っているかどうかを、全上場銘柄間の株価動向の類似性という特徴量を用いることで、暴落時の底を予測することに成功しました。

つまり、株価のみに着眼して「〇〇日連続で下がっているから買いだ」とか、「チャートの移動平均線がこうなっているから買いだ」というルールではまったく予測できないけれども、「グラフ密度が示す相場状況が真っ黒で、まさに悲観の極みを示し、売りの注文が殺到している。現在、株式市場全体としては、すでに過小評価されていると考えられる。だから買いだ」という判断は可能なのです。

――株価そのものを予測のターゲットとするのではなく、投資家行動を予測するのが重要なポイントです。

もちろん、株価動向の類似性という特徴量だけではなく、市場に流れる悲観的な言葉やその頻度なども特徴量として扱うことで、より精度の高い投資家行動が予測できるといえるでしょう。

三〇〇年の値動きで分かる株価の季節性

さて、私が注目する規則性のひとつに「株価の季節性」があります。先に少し触れましたが、季節性とは季節変動のことで、一定の周期で毎年くり返される好不調です。冬になると某アパレル大手の防寒下着が売れるのを見越して株価が上がる、といった話をしました。

それとは別に、約三〇〇年以上にわたる世界の株式全体の値動きをもとに集計したところ、通常の商売でも「繁忙期《はんぼうき》」「閑散期《かんさんき》」という時期があるように、株価にも季節性が存在することが判明しました。

まず、株式全体で見てみましょう。歴史を繙《ひもと》いてみると、株式市場が盛り上がる季節は一月から六月まで、鎮《しず》まる季節は七月から一二月までです。この傾向は五〇年以上も続いており、統計的に見ても顕著な傾向があります。

興味深いことに、一年間の前半と後半で分かれる季節性は、日本だけではなく、アメリカ、イギリス、フランス、ドイツなどの主要株式市場でも見られます（ただし日本以外の株式市場では、六月末ではなく、四月末までが盛り上がる季節です）。

図表㉑　ダウ平均とヤコブセン世界金融市場指数の月別平均収益率

	ヤコブセン 世界金融市場指数 1693－2009	ダウ平均 (大恐慌以降) 1929－2011	ダウ平均 (直近50年) 1961－2011
1月	0.69	1.0	1.2
2月	0.09	0.0	0.0
3月	-0.03	0.4	1.1
4月	0.49	1.4	2.0
5月	0.02	-0.2	-0.1
6月	-0.12	0.5	-0.6
7月	-0.31	1.5	0.9
8月	0.44	0.8	0.2
9月	-0.49	-1.3	-0.8
10月	-0.5	0.0	0.5
11月	0.35	0.8	1.2
12月	0.81	1.5	1.5
11月－4月	2.42	5.2	7.2
5月－10月	-0.96	1.28	0.09
差	3.38	3.92	7.11

出所：ヤコブセン教授の論文より筆者が作成

図表㉑に、アメリカの株価指数とイギリス・エジンバラ大学のベン・ヤコブセン教授が作成した一六九三年から二〇〇九年までの世界金融市場指数の月別平均収益率を紹介しておきます。

これによると、一月の世界金融市場指数は〇・六九％となっています。二月が〇・〇九％。その後、一二月まで指数が載っていますが、これは、一六九三年から二〇〇九年までという三〇〇年超のデータを集計したものです。とすると一月から一二月まで、どの月も約三〇〇回超あったということになりますね。それをずっと月別に集計したのです。

一一月から四月の月別の平均はプラス

二・四二％でした。一方、五月から一〇月はマイナス〇・九六％……とすると、前者の期間のほうが平均的にはいいですね。

このデータからはっきり分かるように、一一月から四月までの成績が圧倒的なのです。「Sell in May and go away.（五月に売って逃げてしまえ！）」という格言は、こうした論文が発表されるずっと以前から、イギリスの金融街シティで囁《ささや》かれていたものです。長年市場と対峙《たいじ》しているプロには、感覚として染みついていたのでしょう。

一年の前半にしぼって投資したときの利益は

日本の季節性も確認しておきましょう。次ページの図表㉒は、は、一九七一年から二〇〇八年までの日経平均株価指数（日経二二五）と東証株価指数（ＴＯＰＩＸ）の毎月の収益率を計算して、その結果を棒グラフで表したものです。一月から六月の平均月次収益率と七月から一二月までの平均月次収益率の違いが、はっきりわかります。

一九七一年といえば、日経平均株価指数がわずか二四〇〇円ほどの時代です。そして、史上最高値の三万八九一五円まで上昇したバブル期、株価が半分以下になったバブル崩壊期、一万円を割り込む金融危機を経た二〇〇八年まで、これら激動の三八年間を平均する

図表㉒　過去38年間の株価指数の月次平均収益率

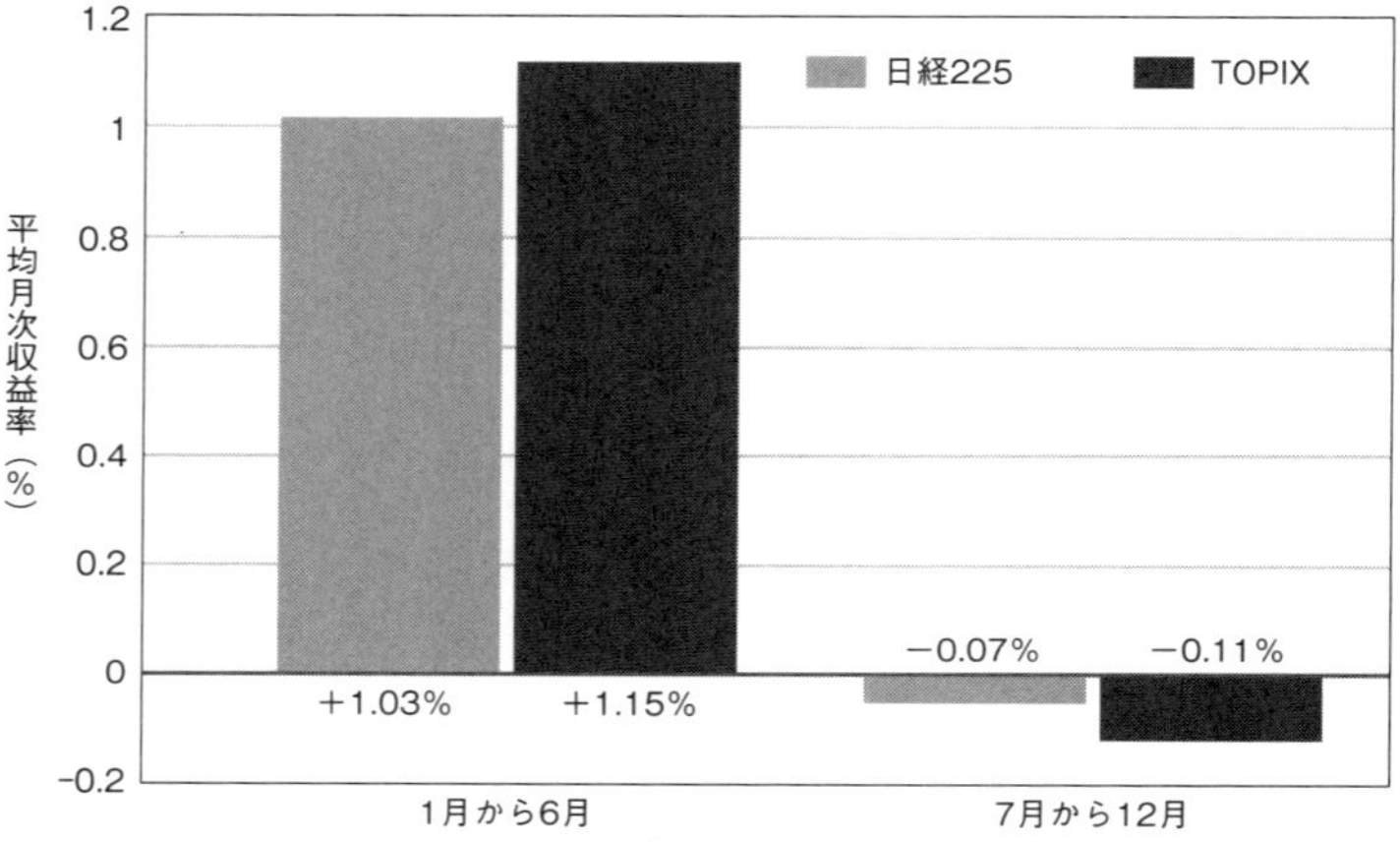

出所: Sakakibara, Yamasaki, Okada, International Review of Finance, 2013

図表㉓　1990年から2008年まで前半の６ヵ月だけに投資した場合の収益率

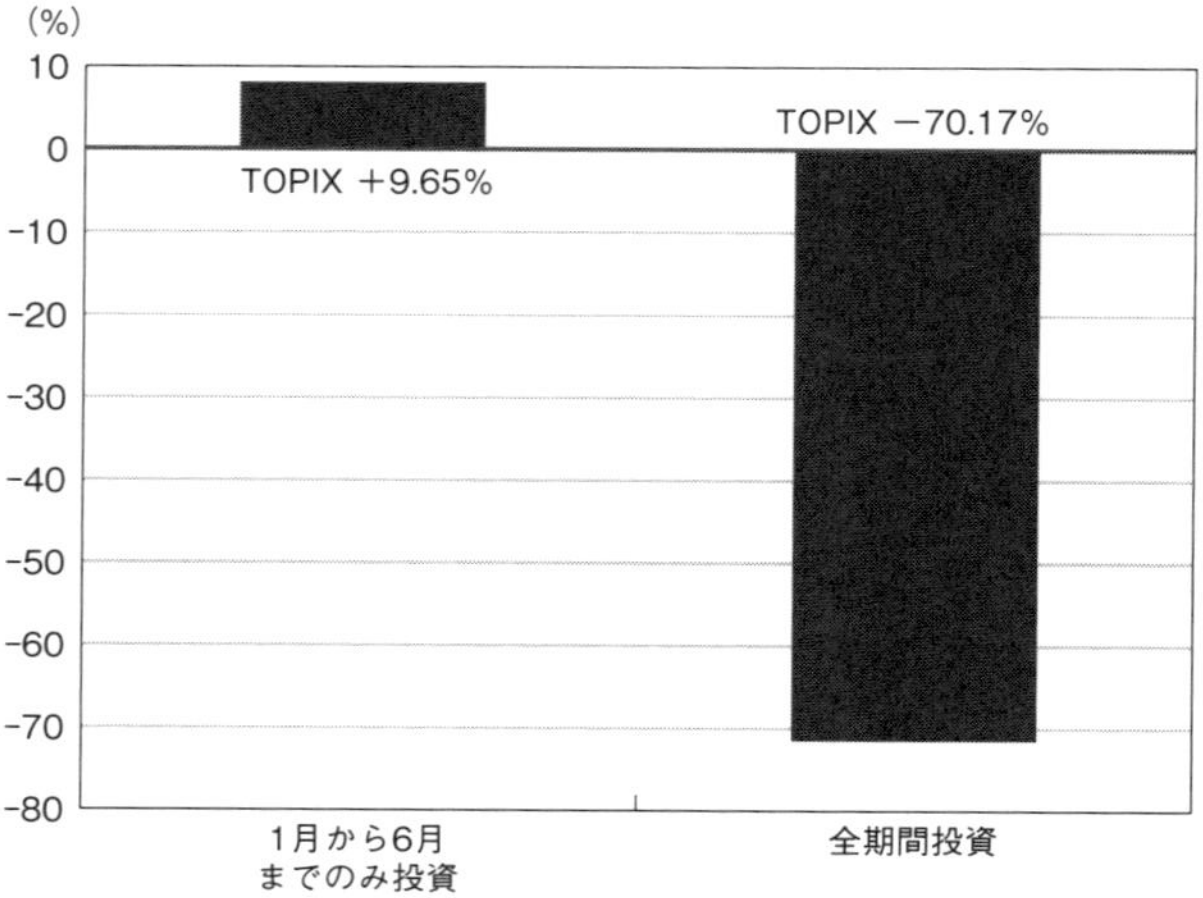

＊図表は筆者による作成

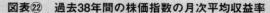

と、一月から六月までは年率換算一〇%以上の収益率を示しています。一方、七月から一二月までの期間では四〇年近く、リターンはほとんど期待できない状況です。季節性を明確に説明することは難しいものの、一年を前半と後半に分けると、株式収益率の明暗が如実《にょじつ》に表れています。

ちなみに、株式投資を一年間の前半だけに限って行うと、どうなるでしょうか。図表㉓から分かるように、一九九〇年から二〇〇八年の一九年間、前半の六ヵ月間にしぼって投資して手仕舞《てじま》いすれば、株の大暴落の期間にもかかわらず、利益が出たことになります。一九年間で九・六%の収益率は決して高くはありませんが、大暴落に際しても損失を出していないというのは驚きです。

一方、一九九〇年に買ってそのまま放置した場合は、元本の七〇%も損失を出しています。強烈な季節性が日本株にも見られたのです。

株価の季節性は人間の季節性感情障害から?

どうして、このような季節性は生まれるのでしょうか。いままで多くの研究者が、様々な原因を探りました。

「三月決算の企業がほとんどで、期末の株価を高くしようとする動きが影響しているから」

「春から夏にかけて、スポーツ、レジャー、観光が盛んに行われ、経済が活性化するから」

「学校の新学期や新入社員の購買活動が、四月を前後して活性化するから」

……しかし、どの仮説もすぐに反証されてしまい、真実は謎のままでした。

ところが、二〇〇二年にアトランタ連邦準備銀行のマーク・カムストラ博士、トロント大学のリサ・クラマー教授、ブリティッシュコロンビア大学のモーリス・レビー教授の三名が、「冬のブルース：季節性感情障害と悲しい株式市場のサイクル」という論文で、「株価の季節性は、人間の季節性感情障害が原因ではないか」という大胆な仮説を提唱したのです。つまり、日照時間の変動が株価変動に影響を与えているのだ、と。

季節性感情障害とは北欧のような極端に日照時間が減少する国で多い鬱病精神疾患で、予防法として、自宅で人工光を浴びることが推奨されています。このように、日照時間と心理の関係性については多くの研究で証明されており、これが株価と大きな関係があるというのです。

夏から秋に向かって日照時間は徐々に短くなって、人の気持ちはふさぎがちになり、リスクに過敏になるので株式投資への意欲が減退する。一方、冬至《とうじ》以降は徐々に日照時間は長くなってくるので投資意欲が回復する、というわけです。

教授らはその傍証《ぼうしょう》として、夏と冬が逆転する南半球の株式市場では同様の傾向が見られないとしています。

――株価の季節性とは、すなわち人間の「心の季節性」だったのです。

七〇〇万件の記事で心の季節性を探る

こうした投資家心理の揺れが数百年にも及ぶ季節性を形作っているわけですから、その証拠がどこかに現れているに違いありません。そこで私たちは、一年の前半には人間が楽観的になりやすく、年後半には悲観的になりやすいという証拠を、新聞記事の言葉の使い方に見いだそうとしました。

トレーダーだったころから、私は「日本経済新聞」を愛読しており、市況欄は注意深く読むようにしていました。毎日、株式市場に対峙していましたが、一方で、一般的な見方はどうなのかという整理に役立ったからです。

しかし、逆にそこに書かれていることが、自らの意思決定にも、知らず知らずのうちに影響を与えていたかもしれません。

検証のためにまずデータを集める必要があります。そこで、一九八六年から二〇一〇年までの日経四紙の電子媒体を購入して、七〇〇〇万件を超える記事を集めました。

七〇〇〇万件の記事を分類して、言葉と季節性の関係を調査するわけですが、まずはその中身を見てみます。私たちは、最初七〇〇〇万件のすべてをチェックしましたが、あまりに株式市場に関係のない記事が多かったので、株式関連の言葉を含む記事だけをピックアップするため、「株式」「相場」「株式投資」「株式テクニカル分析」など、株のキーワード二〇語が入った記事のみを抽出することにしました。

こうして七〇〇〇万件の記事から約二一万件の記事を抽出します（図表㉔参照）。

次に約二一万件の記事から、未来に対する「市場の空気感」を探ります。そのために「過去のことを書いている記事」と「将来の見通しを書いている記事」の二つに分類します。「将来の見通しを書いている記事」が今回の実験の対象になります。

「将来の見通しを書いている記事」をピックアップさせるために、予測表現を定義しま

図表㉔ 株式関連記事の割合

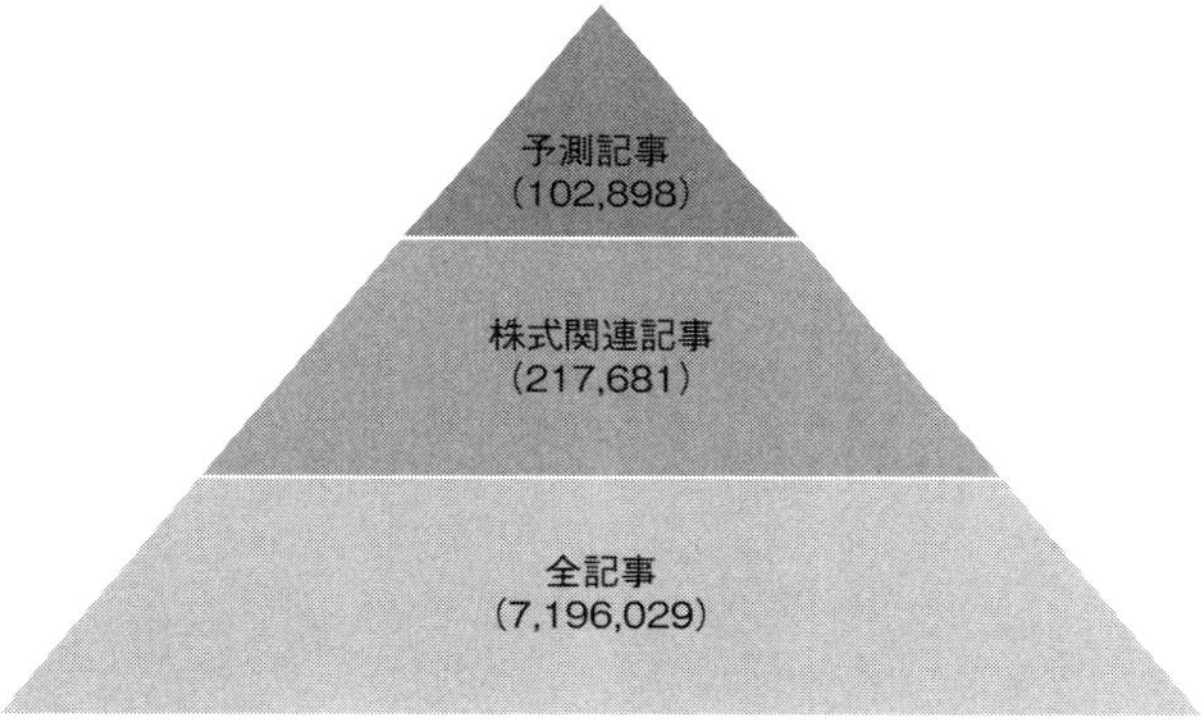

図表㉕ 1986年から2010年までの日経４紙の記事数

年	記事数 (a)	株式関連記事数 (b)	(b / a)	将来の予測を書いた記事数 (c)	(c / b)
1986-88	742,543	13,079	1.76%	6,585	50.35%
1989-91	881,897	26,211	2.97%	13,665	52.13%
1992-94	881,331	30,670	3.48%	15,455	50.39%
1995-97	930,942	27,873	2.99%	14,242	51.10%
1998-2000	920,452	33,141	3.60%	13,398	40.43%
2001-03	834,942	34,905	4.18%	13,997	40.10%
2004-06	902,519	27,583	3.06%	14,431	52.32%
2007-09	841,171	19,771	2.35%	9,132	46.19%
2010	260,232	4,448	1.71%	1,993	44.81%
Total	7,196,029	217,681	3.03%	102,898	47.27%

＊図表は筆者による作成

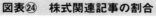

す。「となるだろう」「の見通しである」「と期待できる」というような予測表現を三八〇例、定義して、記事をさらに絞り込みました。この結果、記事の約半分の一〇万件に「将来を予測する内容」が書かれていることが分かりました（前ページの図表㉕参照）。

私たちが三八〇例もの予測表現を用意するのは、きっちりと予測の記事だということを確認しておく必要があるからです。ここが曖昧《あいまい》だと結果が信頼できなくなります。投資家心理が未来について楽観的になっていること、そして株式市場の成績、その二つは果たしてリンクしているのでしょうか。

日本語と英語の文字情報処理の違い

さて、過去三五年分、一〇万件にも及ぶ将来の見通しが書かれた記事を分類しなければなりません。この作業を行うために、前処理を行います。

まず「形態素解析」という手法で、記事に含まれる言葉をバラバラの状態にして、コンピューターに覚えさせます。その次に、係り受け解析のアルゴリズムを用いて、日本語特有の文法をコンピューターに教えます。

この点が、日本語解析の難しいところです。英語であれば、言葉をバラバラにするのは簡単です。また、文法構造も比較的分析しやすい。しかし日本語の場合、係り受けの関係が難しいのです。

たとえば、「クロールで泳いでいる彼女を見た」と「望遠鏡で泳いでいる彼女を見た」では、同じような文章ですが、係り受けの関係が異なるのが分かります。「クロール」は「泳ぐ」に係りますが、「望遠鏡」は「見た」に係ります。そのため、人間なら簡単に認識できる係り受け関係をコンピューターに教えるのは大変な作業なのです。

ただ、ありがたいことに、自然言語処理の専門家たちがこの分野の研究をしてくれているおかげで、そうした研究成果のアウトプットを利用できます。

形態素解析では奈良先端科学技術大学院大学の松本裕治《まつもとゆうじ》研究室が公開している「茶筌《ちゃせん》(ChaSen)」を使用しています。

松本研究室のサイト内にある「茶筌」を紹介するページ(http://chasen-legacy.osdn.jp)によると、この「茶筌」のサブネームは形態素解析器といい、「入力文を単語単位に分割し品詞を付与するツール」とあります。「広く自然言語処理研究に資するため無償のソフトウェアとして開発された」のだそうです。

また、係り受け解析については京都大学大学院の黒橋・河原研究室が公開する「KN

P」を利用しています。黒橋・河原研究室のサイト内の「KNP」の紹介ページ（http://nlp.ist.i.kyoto-u.ac.jp/index.php?KNP）によると、「KNPは日本語文の構文・格・照応解析を行うシステムです。形態素解析システムJUMANの解析結果（形態素列）を入力し、文節および基本句間の係り受け関係、格関係、照応関係を出力します。係り受け関係、格関係および照応関係は、WEBから自動構築した大規模格フレームに基づく確率的モデルにより決定します」と記してあります。

「茶筌」と「KNP」という二つのソフトを活用して前処理を実施。そして、その前処理が終わった段階で、いよいよAIに判断させるという流れで処理を行っていきます。

膨大な記事のなかに存在する書き手の気持ち

次に、私たちは、「サポートベクターマシン」と呼ばれる、判別するための機械学習アルゴリズム（AI）を使って、膨大な記事データのなかに存在する書き手の気持ちを導き出します。「サポートベクターマシン」とは、「教師あり機械学習」と呼ばれるアルゴリズムの一種と分類され、この手法の開発がAIブームに火を点けたとまでいわれています。

いきなり「教師あり機械学習」という言葉を使いましたが、AIにあらかじめ人間が教師となって正解を教えながら、導きたい答えを設定する構築方法のことを、こう呼んでいます。

先述した「ヒヨコの性別の識別」や「ネコの顔の判断」と同じイメージです。つまり、人間が「サポートベクターマシン」というアルゴリズムに、おおよそ「こんな記事は悲観的ですよ」「こんな記事は楽観的ですよ」という具合に教えてあげるわけです。

機械学習というと、コンピューターが人間のように机に向かって勉強しているイメージがありますが、現実には人間の学習方法とは大きく異なります。

私たちは、コンピューターに、記者が将来見通しについて楽観的に書いているのか悲観的に書いているのか、という判断をしてもらいたいわけです。そこで、まず、すべての記事をコンピューターに記憶させます。一〇万件の記事データの中身も、すべては言葉の組み合わせですから、言葉のベクトルとしてコンピューターは認識します。

そのなかから、人間がすでに判断した数百の記事データ（教師データ）を使って、「こんな形をしたベクトルは悲観的（楽観的）ですよ」と、ラベル付けしてあげる。そして、こう命令します。

「あなたが覚えた一〇万件の記事をすべてチェックして、私たちが教えた悲観的（楽観的）記事ベクトルとの近さを計算しなさい」と――。

するとう、コンピューターはいつもより激しくガリガリとハードディスクから音を立てたり、ときおり冷風ファンをブーンと回したりして、私たち社員が全員退社したあとの深夜もまったく休まずに計算を続け、翌日には全部の記事についての距離計算を終えてくれるのです。

ＡＩに記事が悲観的か楽観的か教える

もう少し詳しく私たちの教師データについて書きましょう。まず研究者仲間四人で、二〇〇件の「将来の見通しを書いている記事」を読んで、私たちの判断で「悲観的な記事」と「楽観的な記事」に分けます。意見が分かれる記事は外します。

分類作業の結果、二〇〇件のうち六〇件が悲観的な記事、五四件が楽観的な記事、八六件はどちらでもないと判断されました。そして、これらを言葉のベクトルで表現します。

たとえば、悲観的な記事に「見通し・暗い」という言葉の組み合わせがよく出てくる傾向があるなら、ＡＩにとっての悲観的とは、その傾向を反映したベクトル空間として認識されます。

そして、この六〇件の悲観的な記事と五四件の楽観的な記事が、悲観的や楽観的とは数値で表すとどんなものか、それをAIに教えます。こうしたことから、同種のデータを教師データと呼ぶわけです。

AIに「楽観的（悲観的）な記事には、これこれこういう特徴があるのか、なるほど」と分かってもらえれば、あとは約一〇万件の記事を読ませて、「悲観的」に近い記事と「楽観的」に近い記事を判断させればよいのです。

この判断もすべて数字で出てきます。その数字を見ながら、人間が、ある閾値《いきち》以上「楽観的」に近い記事は楽観的記事、ある閾値以上「悲観的」に近い記事は悲観的記事、その中間は中立的記事という具合に分類するわけです。この作業にかかった時間は、高性能のパソコンで、およそ三五時間程度でした。

後述しますが、同じ作業にスーパーコンピューターを使っていれば、三〇～四〇倍の速さで処理が可能であったと思います。

心の季節性は新聞記事に表れている

これでいよいよ心の季節性を調べる段階に来たわけです。悲観的な記事と楽観的な記事

図表㉖　1986年から2010年の株式関連記事における楽観・中立・悲観の分類

月	予想記事数 (n)	楽観的記事数 (n_o)	中立的記事数 (n_n)	悲観的記事数 (n_p)	比率 $(\hat{r})$ $(n_o)/(n_o+n_p)$	p-value
1月	8,571	1,826	5,133	1,612	53.11%	
2月	7,676	1,491	4,600	1,585	48.47%	
3月	8,910	1,779	5,383	1,748	50.44%	
4月	8,476	1,646	5,289	1,541	51.65%	
5月	7,915	1,543	4,881	1,491	50.86%	
6月	8,682	1,777	5,270	1,635	52.08%	
1月-6月	50,230	10,062	30,556	9,612	51.14%	0.00067
7月	8,977	1,769	5,455	1,753	50.23%	
8月	8,983	1,732	5,400	1,851	48.34%	
9月	8,302	1,551	5,033	1,718	47.45%	
10月	9,563	1,756	5,879	1,928	47.67%	
11月	8,413	1,591	5,107	1,715	48.12%	
12月	8,430	1,617	5,185	1,628	49.83%	
7月-12月	52,668	10,016	32,059	10,593	48.60%	0.00003
計	102,898	20,078	62,615	20,205	49.84%	0.26344

＊図表は筆者による作成

を、さらに月別に集計します。

月別に集計した図表㉖から、ある特徴が見えてきます。あきらかに一月から六月に楽観的な記事が多く、七月から一二月に悲観的な記事が多いのです！

この傾向を結果から知ったとき、嬉しさと驚きという二つの感情の虜《とりこ》になりました。二五年間という長期間を観察していますので、客観的な記述に努める新聞記事に偏《かたよ》りはないと考えたからです。

——結果は、顕著な差を示しています。このことから、非常に興味深い傾向が見えてきます。

つまり人間は、年の前半には「これからはもっと良くなる」と感じやすい一方で、年後半には「これからはあまり良くならない」と考えてしまう。そんな、人間の思考の傾向が、結果から証明されていたのです。

大新聞という、比較的、冷静な判断をしている人たちの審査を通った記事でさえ、こうした傾向が見られるということは、一般庶民は、知らず知らずのうちに、季節によって規則的に将来の見通しを変えているのでしょう。自らは何の影響も受けていないと信じて意思決定しているかもしれませんが、その背景には、普遍的な規則が働いているといえそうです。

学会発表で騒然となった棒グラフ

続いて、心と株価の関係性を調べます。本来の目的のところですね。心の季節性が株価の季節性を生んでいるのかどうか。いちばん重要な検証です。

次ページの図表㉗に示したのは、一年間の前半の株価収益率と後半の株価収益率の差を棒グラフで表したもの（上）と、楽観的記事比率の年前半と後半の差を棒グラフで表したもの（下）です。年前半に将来の予想に楽観的な見通しが多い場合は、この棒グラフは上に出ます。逆に、将来を悲観的に書く記事が多い場合は、グラフは下に

図表㉗　1986年から2010年までの期間の年前半と後半の収益率の差（上：右軸）同期間において、楽観的記事比率の年前半と後半の差（下：左軸）

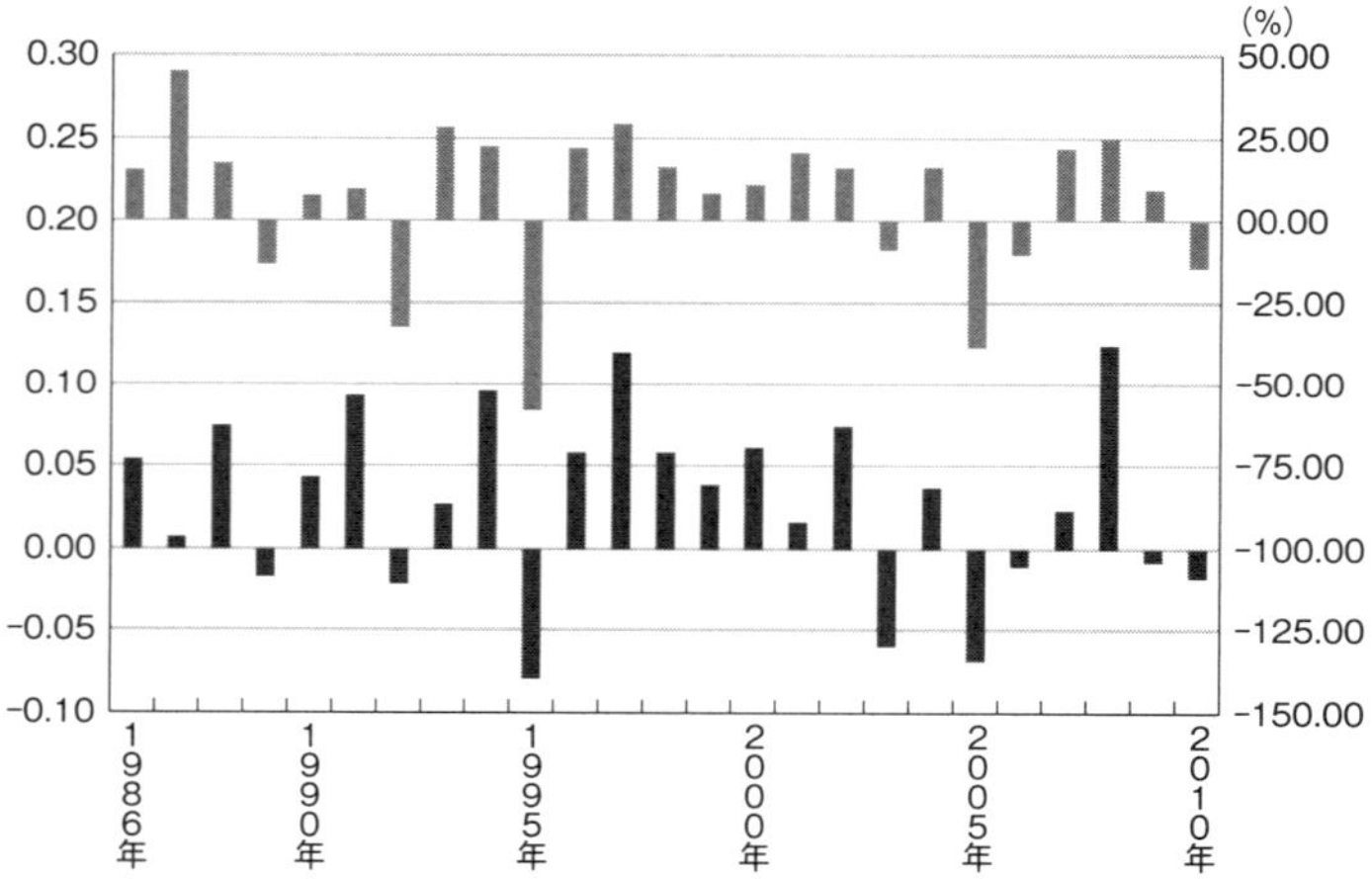

出所："Behavioral Interactions, Markets, and Economic Dynamics: Topics in Behavioral Economics" Springer, 2016

出ます。概ね前半のほうが楽観的な記事が多いということがグラフから分かりますね。

（下）は新聞記事のセンチメント（市場心理）を測定したときに、年前半と後半のどちらが良いかを示したものですが、ちょうど株価の前半が良いときはセンチメントも前半が良く、後半が良いときはセンチメントも後半が良いという結果を示しています。

このグラフを学会発表で示したとき、会場から「あ〜」という声が漏れました。棒グラフの形がほとんど一致していたからです。楽観的な記事が年の前半に多い年は、株価の収益率も年前半のほうが高く、逆に悲観的記事が年の前半に多い年には、収益率も同じように年前半のほうが悪いのです。

「そんなの当たり前だ」と思えるかもしれませんが、そうではありません。私たちがＡＩを使って数値化しようとしていたものは、新聞紙面に漂う空気です。

強調したいのは、私たちが調査したのは株価を見てコメントした記事ではないということ。そして、これからどうなるかという「市場の空気感」を記した記事だけを解析した結果だということです。

すなわち、株価はファンダメンタルズの良し悪《あ》しだけではなく、相場のなかにある目には見えない空気感によって決まっているということを、客観的に示したのです。

第7章

「モテ期」と「新聞記事」で作る投資モデル

「株価指数」にも季節性が

これまでの検証で市場の空気感が、株価を決める重要な要因であることを見てきました。では、どうやってこれを株式運用に結び付けるのか――それについてお話をしましょう。

私たちの研究も含め、海外の研究者がこれまで検証してきたものは「株価指数」の季節性です。株価指数とは、株式市場全体の動向を表す平均値のようなものです。

平均値として見た場合には、年前半の収益率が年後半の収益率よりも高いことが多いということが、世界の株式市場で分かっているわけですね。もしも読者が気の長い投資家で、投資期間を二〇年として考えるのであれば、毎年一月から六月までだけ株価指数連動型のＥＴＦ（上場投資信託）を購入し、七月から一二月までは現金にして置いておく、ということを繰り返せば、良い投資ができるわけです。

ただ、この投資手法は長期的には報われるのですが、短期的には成功することを確約できません。来年も必ず、一月から六月までのほうが良いとは限らないからです。

現実に二〇一六年だけを見れば、一月から六月までは日経平均株価指数での下落率は一八％に達していますが、七月から一二月では大幅に上昇しています。このように、毎年儲けられるわけではないというのが、普通の個人投資家には耐えられないのです。

「確率的モテ期予測モデル」とは何か

これまでは、平均値である株価指数について季節性を語ってきましたので、投資するかしないかの二択、株価指数を利用するか利用しないかの二択しかありませんでした。しかし、もっと細かく個別銘柄の季節性を考えてみたらどうでしょうか。株価指数に季節性があるということは、それを構成する個別の銘柄にも季節性があるはずです。

株価指数に含まれる銘柄数は、東証株価指数（ＴＯＰＩＸ）では二〇〇〇銘柄を超えています。二〇〇〇銘柄のそれぞれには、おそらく何らかの季節性があり、全体として年前半のほうが年後半よりも良いという偏《かたよ》りが生まれていると考えられます。季節性をそれぞれの銘柄について認識することができれば、株価指数を利用するか利用しないかの二択ではなく、どの銘柄をどのタイミングで保有するかという選択が可能になります。

そこで私たちは、ＡＩに個別銘柄の季節性を特定させることにします。これが「確率的モテ期予測モデル」の考え方です。少しくだけたネーミングですが、意味としては、株式には人気が出る季節（モテ期）があり、それをＡＩに発見させることによって、確率的にモテ期に入りそうな銘柄だけを選択的に保有していこう――という考え方です。

ユニクロ株の旬は一一月から一二月

旬《しゅん》といえば、思い浮かぶのは食べものですね。春はタケノコ、夏はスイカ、秋はマツタケにサンマでしょうか。実は、株式にも旬があることが分かってきました。

たとえばユニクロの旬といえば、ざっくり一一月から一二月ごろなのです。ヒートテックが売れる時期と重なっていますね。過去においては、この時期に、ファーストリテイリングの株価は株価指数よりも良いパフォーマンスを示すことが多いのです。

どうして寒い時期に株価パフォーマンスが良いかという点については、諸説考えられますが、ファイナンス学者を納得させるレベルのものは検証不可能です。ただ、私たちはそこにはあまりこだわらないようにしています。ど真ん中の真実は分からないかもしれませんが、真実の周辺についてデータから読み取れれば十分だと考えるからです。

以下、いくつか事実として存在する季節性を見ていきましょう。

図表㉘は過去一〇年で見た場合に、同じカレンダーの日が、株式市場の平均値に対して

図表㉘ 季節性が現れる４銘柄 （ ）内は証券コード

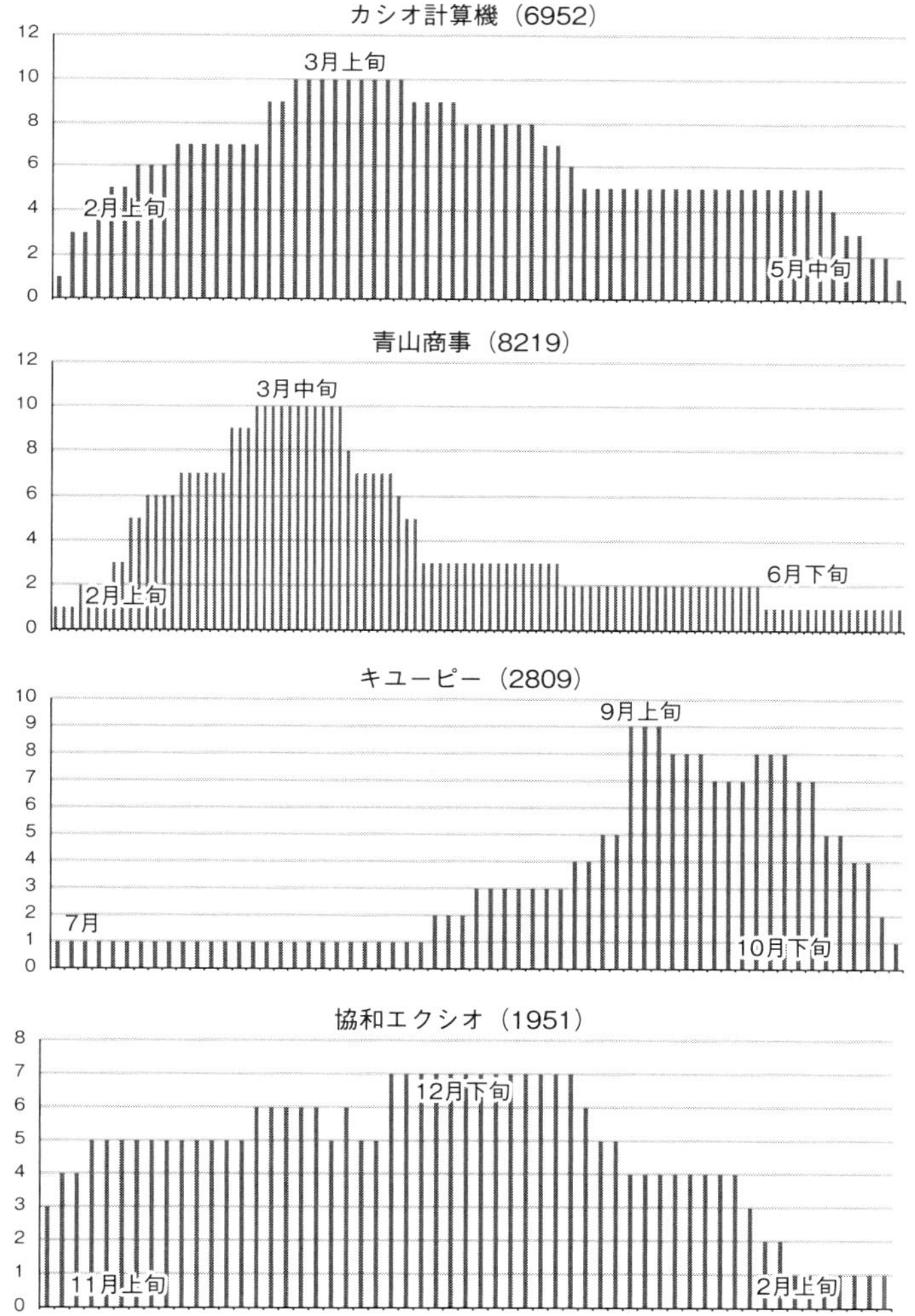

＊図表は筆者による作成

何回勝っているかをカウントしたものです。したがって縦軸は、回数です。

季節性がよく現れている四つの銘柄を例示しました。株価指数であれば、年前半にパフォーマンスが良く、年後半にパフォーマンスが悪い。しかし個別銘柄で見ていくと、より詳しく季節性が特定できます。カシオ計算機は三月上旬、青山商事は三月中旬、キユーピーは九月上旬、協和エクシオは一二月下旬という具合です。

こうしたそれぞれの旬の時期だけ当該銘柄を保有するという投資戦略を取れば、美味しい季節だけを保有することが可能となるわけです。

最良の期間だけ株を保有する投資モデル

ＡＩは一言でいうと「機械学習アルゴリズム」のことだと述べましたが、このときの学習とは、あくまでも確率計算をしていることを指します。

ここで、いま私たちは、ＡＩに季節性を学習させたいわけですね。任意のある銘柄が、果たして本日旬なのかどうかを判断させたい。したがって、昨年のいまごろはどうだったのだろう、一昨年のいまごろはどうだったのだろう、という過去データが必要です。仮に過去一〇年において、上がっている日が半分、下がっている日が半分であれば、過去デー

図表㉙ 「確率的モテ期予測モデル」のパフォーマンス

＊図表は筆者による作成

タだけを見ていても、本日買ったほうがよいのかそうでないのか判断はつきません。

そこで、そのほかのデータも活用していきます。私たちが使っているデータは膨大で、ここでそのすべてを列挙することはできませんが、季節性の学習に用いているデータの一部を紹介しますと、天候、気温、湿度、出来高、曜日が含まれています。

株価は、基本的にはランダムウォークをしています。どんな株についても、長期で観察してみると、概ね半分は上がって、半分は下がっています。そして、上がり下がりに何らかのパターンは見えません。つまり、上がる確率も五〇％、下がる確率も五〇％ということですね。

ところが、気温が一〇度以下の日だけを取り出して、ファーストリテイリングの株価を見てみます。すると、気温が一〇度以下の取引日のなかでは、株価は七〇％が上昇し、三〇％は下落するという結果が出てきます。つまり、気温という特徴量を用いてＡＩが学習していれば、本日の気温が一〇度以下であれば、買いの確率を高く計算するわけです。

当然、そのほかの多くの特徴量を用いることで、予測精度は改善していくことになります。トレーダーはその確率を見て、「いまだ！　ポートフォリオに加える」という判断をすればよいのです。

このようにして、最良の期間だけ株を保有する投資モデルを、「確率的モテ期予測モデル」と命名しています。

八三ページの図表⑤で示したものを前ページに再掲しました。現実に運用に使っているモデルは、このモデルよりもずっと学習量が多いのですが、私が論文に公表した本モデルをベースにそのインパクトを見てみましょう。

このモデル通りに一〇〇万円を運用すれば、二〇〇五年から二〇一四年末までのおよそ一〇年間で二九一万円になっています。同じ期間に、東証株価指数（ＴＯＰＩＸ）で運用したとすれば一二六万円にしか増えていません。短期間では少しの差でも、複利で積み重なるので、時間が経つと大きな差になることが分かります。旬の期間だけ株を保有する投資モデルで継続的に資産形成を行うことが有利だということですね。

AI資産運用に不可欠な三要素

すべての株式に気温のデータが重要だとは言い切れません。AIに与える元データは、目的である「季節性の特定」というタスクを実行するのにふさわしいことが求められます。無闇《むやみ》やたらとビッグデータを投入したところで、「見せかけの相関」を持つデータを重視し過ぎるという問題が起こり得るからです。

したがって、銘柄によって、用いるべき特徴量は異なるのです。自動車メーカーの季節性を探るためには当然、アメリカの売上データといった時系列データも必要になります。消費関連株であれば、有名なブロガーの意見なども反映されたデータが必要でしょう。

学習過程で関係ないデータは無視してくれるのだから、無作為にデータを放り込めばよい、それこそビッグデータの威力だ、という考え方もあるでしょうが、個人的には大きな疑問を感じています。

やはり意味のあるデータを用いて、条件付き確率を求め、確率的に分のある取引を行うことによってこそ、投資家の長期の資産形成に役立つといえるでしょう。意味のある特徴量だけを用いるといっても、データとデータの組み合わせを考える必要がありますから、かなり膨大な計算量になります。

日本の全上場銘柄は約三六〇〇あまり。それらの二銘柄間の組み合わせを考えても、約一三〇〇万通りも計算する必要が出てきます。

これを通常のハイパフォーマンスなマシンで計算すると、一回のシミュレーションに三時間から四時間かかります。せっかくモデルができてテストしたとしても、毎回毎回、四時間も待たされたら仕事になりません。一方、スーパーコンピューター（スパコン）を使うと、計算時間が五分から一〇分に短縮できてしまいます。スパコンを使うことで、作業効率は三〇倍から四〇倍になるのです。

私たちが会社を起業した当初、当然そのような計算環境はありませんでした。そこで、スパコンの機能を時間単位で切り売りしている「ＡＷＳ（Amazon Web Service）」と呼ばれるクラウドの計算サービスを使っていました。またモデルの研究段階では、統計数理研究所の「ＡＩＣ」というスパコンを、研究者という立場で使わせてもらっていました。

現在、ヤフーは省エネ性能ランキングで世界二位となったスパコン「kukai（クウカイ)」を保有しています。今後は、ヤフーが保有する計算環境をさらに活用していくことを視野に入れています。

新しいデータは時々刻々とマーケットに入ってきますし、それらを処理しながら各銘柄の妥当性を計算するためには、スパコンがないと日々の業務が回っていかず、実用には使えないのです。

すなわちＡＩによる資産運用では、「質の高いビッグデータ」「高度なアルゴリズム」「スーパーコンピューター」の三つの要素が揃わないと成功が難しいのです。

資産運用ビジネスで応用が難しいＡＩ

では、運用モデルの成功とは何を指すのでしょう。こう書くと、たくさん利益が出ることに決まっているではないかと思われるかもしれませんが、実はそうではないのです。いくら利益が上がることが期待されるモデルであっても、投資家の立場からしたらどうでしょうか。利益が上がっているうちはいいのですが、利益が上がらなくなった場合に、何が原因でうまくいかないのかということを説明してもらわないと、不安で仕方ありません。

つまり、いくら期待利益が高い投資モデルでも、ブラックボックスモデルを提案したのでは、投資家は不安感を拭《ぬぐ》えないということです。

「いま、どうして損失が出ているの」というお客様に対して、「さぁ‐、AIのいうとおりにやっているのですが、どうしてなのでしょうね。ディープラーニングを使っているので、データが階層処理されてしまい、どうしてこういう売買タイミングになるのか分からないです。でも過去は放置しておいても儲かったので、AIを信じて、そのまま放っておきましょう」などと回答すれば、どうでしょう――。

きっとお客様は不安がってしまい、もしかすると、ファンドを解約してしまうかもしれません。

資産運用会社は、お客様の虎の子のお金や老後の蓄えを運用しているわけですから、何が起こっているのか分からない投資モデルを採用するわけにはいきません。

さてAIは、最近でこそ脚光を浴びていますが、運用に使うための専門家の研究は、二〇一〇年ごろから始まっています。そのなかに、現実にヘッジファンドとして運用されたモデルもいくつか存在します。

ただ残念ながら、その多くは失敗に終わっています。それはモデルが悪いということだけではなく、資産運用という特殊なビジネスにおけるＡＩの応用の難しさを表しています。

ツイッター解析型ＡＩモデルの結末

最近はツイッター社も業績が芳《かんば》しくありませんが、ドナルド・トランプ大統領のツイートが世界的に話題になるなかで、ユーザーの数も増加傾向にあるようです。ツイッターは短文投稿しかできませんので、感情を表した表現が多く、人々のそのときの気分をよく表しているといえます。

こうした特徴に目を付けたのが、インディアナ大学のヨハン・ボーレン准教授らの研究グループです。彼らは、約一億二五〇〇万人のアメリカ人ユーザーが日々つぶやいているツイッターを大量に収集して、言語解析を行っています。

膨大な量のツイートですが、これをＡＩのアルゴリズムを援用しながら、グーグルが作成した感情を表す表現の分類辞書に登録していきます。この辞書には、「落ち着き」「警戒」「確信」「力強さ」「親切」「幸福」という六つの心理学的カテゴリーがあるのですが、その日の一億二五〇〇万人のツイートの各カテゴリーにおける増減を数値化したものです。

六分類におけるツイートの出現頻度とダウ平均株価指数の関係を分析すると、「落ち着き」と「警戒」というカテゴリーの言葉の出現頻度が、数ヵ月後のダウ平均株価指数の水準を予測していると報告しています。

これは、「Journal of Computational Science」という論文雑誌に、「ツイッターのムードが株式市場の未来を示す（Twitter mood predicts the stock market）」というタイトルで発表されたのですが、ボーレン准教授によると、発表後にウォール街の投資銀行からのアプローチが絶えなかったそうです。ウォール街のアナリストたちも、この結果には相当驚いたようですね。

そのあと数ヵ月で、ロンドンにあるヘッジファンド、ダーウィンキャピタルという会社がその権利を購入し、ファンドを作ったと報道されました。しかし、間もなくファンドはクローズとなってしまいました。

どの程度の成績だったのか、なぜクローズしたのかについての詳細な情報は分かりません。ただ、ツイートによって国民の感情を推定し、それを用いてダウ平均株価指数の方向性を当てようということですので、過去にいくら一定の相関関係があったとしても「見せかけの相関」だったのでしょう。

「見せかけの相関」に依拠した投資であれば、いくらデータ量が膨大でも、いったんうまくいかなくなると不安感を持つ投資家は、解約に走ってしまうでしょう。

ブログ解析で日経平均先物を取り引きすると

日本のＡＩ研究者も、アメリカに負けずに果敢にチャレンジしています。東京大学の松《まつ》尾豊《おゆたか》特任准教授も、プルーガ・キャピタルという資産運用会社と共同で、日経平均先物取引を行うヘッジファンドを立ち上げました。

このファンドの場合はツイッターではなく、ブログを対象に言語解析を行い、日経平均先物の売買シグナルを出すというものです。私も日本で行われたヘッジファンド・カンファレンス（各国から投資家らが集まって行われるイベント）で、そのファンドの説明を受けましたが、過去のパフォーマンスについては信じられないほどの好成績を出していました。

しかし、快進撃はそこまででした。報道によると、四〇億円弱で始まったこのファンドもアベノミクス相場についていくことができず、結局はクローズしたそうです――。

〈人間が投資判断に関与しない自動売買を研究する東大准教授の松尾豊（三八）は「大局観を持って相場を予想するのはまだ苦手だ」と認める。松尾が開発したファンドもアベノミクスによる一本調子の上げ相場についていけず、昨年一〇月に運用をいったん手じまった〉

（「日本経済新聞」二〇一四年一月三日付）

新聞記事には何らかの予測能力がある

アメリカのボーレン准教授や東京大学の松尾特任准教授らの試みはうまくいきませんでしたが、それでも言葉を扱うことは重要だと思います。私たちも言葉に含まれる予見性を何とか投資モデルに組み込みたかったのです。

言葉の持つ予見性については、いくつか有名な研究があります。二〇〇七年、アメリカのコロンビア大学のポール・テットロック教授は、ファイナンス界で最も権威ある論文雑誌に、ひとつの論文を出しました。題して、「投資家心理の実体（Giving Content to Investor Sentiment）」——これは最優秀論文として学界最高の名誉を与えられるくらい評価された論文です。

その内容は、アメリカ最大の経済紙「ウォール・ストリート・ジャーナル」のコラム

（Abreast of the Market）を、センチメント辞書（単語感情極性対応表）を作成したうえで解析し、「ウォール・ストリート・ジャーナル」の記事が楽観的見通しを持っているのか、悲観的見通しを持っているのか、それを数値化したものです。

コラムは毎日掲載されていて、その日の相場状況を分析しています。コラムのネガティブな単語の使用頻度からその数値を計算し、株式市場全体を予測する能力があるかどうかを検証したのです。

すると、数日後までのダウ平均株価指数の将来動向を、ある程度まで予測できることが分かったのです。もちろん、同じ手法を使えば大金持ちになれるという報告ではありません。学術論文ですから、そんな株屋の営業レポート（営業成績を上げる目的で、煽《あお》り口調と主観で書かれたレポート）のようなことは書きませんが、大量のデータを用いた長期間にわたる検証で、新聞記事には何らかの予測能力があるということが分かったのです。

言葉に滲み出る株価動向の未来

続いてテットロック教授は、二〇〇八年に同僚と発表した論文、「言葉に込められたその威力（More Than Words: Quantifying Language to Measure Firms' Fundamentals）」

で、個別株のニュースのネガティブな単語群の悲観度合いから、その株のリターンや業績を予測できると論じています。

つまり、個別株のニュースには、過去に起こったことだけではなく、将来の事象についても示唆《しさ》されているというのです。言い換えると、言葉のなかに、株価動向の未来が滲《にじ》み出ているというのです。

この滲み出るという現象を私たちの日常にたとえると、誰かに好意を持っているとき、言葉の端々に感情が滲み出て、相手や周囲の人たちはそれを感じている……これと似たようなものだと考えればいいでしょう。

アメリカからこのような研究報告が上がってくるなかで、私たちも負けずに同様の実験を始めていました。ただ、ファンドにおける運用を目指していたので、ツイッターや新聞ではなく、ブルームバーグ社のストリーミングニュースを使うことにしました。ストリーミングニュースとは、すなわち金融情報ベンダーの画面に毎日流れるニュースです。

「まだ誰もやっていないが、市場を動かすプロに浸透するストリーミングニュースなら、彼らの心理に大きな影響を与えるはず。ストリーミングニュースを読んでいるのは、ほとんどがトレーダーかファンドマネージャー。言葉に滲む株価動向の未来を予測するのであれば、プロに最も近い言葉を解析するのが効率的だ。よし、これでモデルを作れば、利益を上げることができるに違いない」

――私たちが非常に高価なストリーミングニュースを入手することにしたのは、このように考えたからです。

「評価表現辞書」で過去のニュースを数値化

ストリーミングニュースから相場の上下動を予測するわけですから、一般的見解として、世の中が「明日」にどういう期待を持っているかを数値化しなければなりません。そのために、「周辺文脈法」という機械学習アルゴリズムを用いて言語処理を行い、ニュースを解析することにしました。

「周辺文脈法」とは、ＩＢＭ東京基礎研究所の那須川《なすかわ》哲哉《てつや》研究員と金山《かなやま》博《ひろし》研究員が提案した評価表現辞書作成方法で、基本となる「種語」から機械学習を用い、「種語」に類似した言葉を抜き出して自動的に辞書作成をするものです。

たとえば、「下落する」という言葉を「種語」にすると、「下落する」という言葉が使われている文脈とその前後の文脈から、負の予想表現の候補を自動的に抽出《ちゅうしゅつ》するという作

図表㉚　投資モデルに使った評価表現数

年	記事数	文字数	単語数	評価表現数
2000	22,921	7,885,629	1,569,865	60,865
2001	26,834	9,997,082	2,010,493	97,701
2002	21,887	8,474,244	1,692,046	99,628
2003	17,430	7,973,477	1,611,431	101,186
2004	23,858	10,337,200	2,086,540	102,733
2005	28,958	12,262,796	2,498,105	133,854
2006	24,868	11,137,319	2,271,411	97,546
2007	21,170	7,943,778	1,621,329	70,270
2008	34,664	9,652,851	1,974,293	107,959
2009	23,428	5,339,554	1,080,999	57,439
2010	20,564	3,799,933	763,383	30,812
2011	27,129	4,323,732	871,360	26,814
計	293,711	99,127,595	20,051,255	986,807

出所：前川・中原・岡田・羽室　人工知能学会研究資料SIG-FIN 010-02

図表㉛　投資モデルのシミュレーション上での運用成績

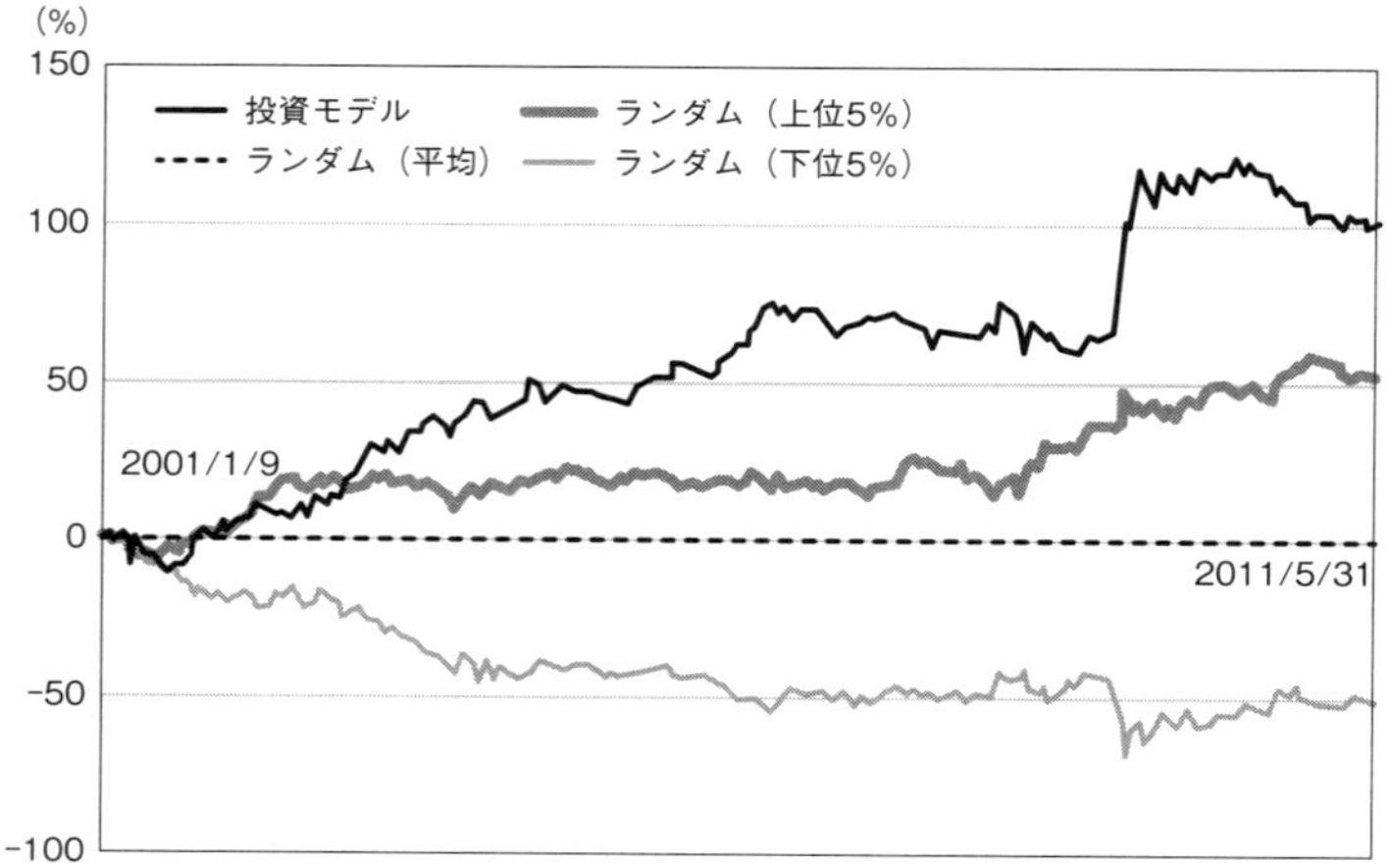

出所：前川・中原・岡田・羽室　人工知能学会研究資料SIG-FIN 010-02

業をします。

もちろん、機械的に抽出するため、無関係な言葉がノイズとして抽出されてしまいますが、何度も試行を繰り返すうちに、ネガティブな文脈では必ず使われる表現が頻度高くリストアップされることになります。

こうして頻繁《ひんぱん》にリストアップされる表現を集めて、負の「評価表現辞書」を作成するのです。同様にポジティブな文脈で使われる表現についても、正の「評価表現辞書」としてまとめることができます。図表㉚は、このモデルに使った評価表現の数です。

このようにして得た「評価表現辞書」を使って、過去のすべてのニュースを評価表現ベクトルとして数値化します。いったん数値化できたものは、そのままＡＩに入力します。評価表現数と同じ次元の膨大なベクトル値と、日ごとの上昇・下落の情報が与えられることになります。知りたいのは明日の状況ですから、今日までのニュース記事データと株価動向から学習させるわけですね。

私たちのモデルでは、取引日の一年前から取引日前日までのニュースを用いてモデルを作りました。どういう言葉が頻出していたら「上昇」「下落」するのか、関数で表現したモデルです。

このモデルを使って、前日から当日の朝の寄り付き前一五分までのストリーミングニュースを判断させ、寄り付き前に上昇確率が高いのか、下落の確率が高いのかを計算させるわけです。そして上昇確率のほうが高ければ、先物を買い（ロング）、引けで手仕舞います。逆に下落確率のほうが高ければ、先物を売り（ショート）、引けで手仕舞います。

さて、こうして運用したモデルで投資した場合、現実に利益を上げることができたのでしょうか……答えは「イエス」です。

一九二ページの図表㉛がこうして作られたモデルのシミュレーション上での運用成績です。

株式市場が下落しているなかでも、先物ショートのシグナルを発し、うまく稼いでいることが分かります。つまりテットロック教授の論文に示されていたように、新聞記事のなかに語られる言葉に、将来を予見する情報が入っていたと解釈することが可能になるのです。

投資トップ五％の成績を凌駕する新聞記事解析

こういう結果を見て、まともな専門家はまず疑います……「それは君、偶然の産物ではないのか」と。

そこで、これが偶然ではない、言葉を解析した結果だ、と主張するためには、何らかの根拠を示さなければなりません。偶然かどうかをコイン投げ戦略と比較します。

毎日コインをトスして、「表」が出れば「寄り付きで先物買い」、裏が出れば「寄り付きで先物売り」、そしてともに「引け値では手仕舞う」という投資戦略をやったと仮定します。

もちろん、コインの裏表はランダムに発生しますので、たまたま当たる場合もあれば、そうでない場合もあります。でも、偶然うまくいくことが続く場合もあり得ますよね。たとえば偶然、リーマン・ショックの直前にコインの裏が連続で出る、とかです。

そういう、たまたまうまくいく戦略がどの程度良いかを、一万回試行で確かめてみます。すると、その一万回のなかには、偶然が重なって、とっても良い成績を収める「まぐれ当たり」が含まれているはずです。

この「まぐれ当たり」を大きく凌駕《りょうが》する戦略であれば、「偶然では、こんな結果は出ないよ」と、専門家を納得させることができるわけです。

前出の図表㉛では、新聞記事を使った投資戦略の有効性を統計的に示すために、基準値として、一万回の戦略の上位五％の成績を、ランダム（上位五％）として記述していま す。利益が上がった取引のなかでも最もうまくいった上位五％の成績を、この新聞記事解析による予測モデルは超えていることが、グラフから分かりますね。

つまり、偶然ではなく、何らかの未来を予測可能にする情報が、新聞記事のなかには含まれていたことになります。

ヘッジファンドに営業に行って得た教訓

私たちは、こうした結果を持って、ヘッジファンドに営業に行きました。「偶然とはいえない良い結果が出ています。これで運用しませんか」——そんな私たちのセールストークに対して、先方のアナリストは矢継《やつ》ぎ早に質問してきます。

「収益の源泉はどこにあるのか」

「どうして、このモデルが儲かるといえるのか」

「途中で、損失が膨らむ局面があるが、これはどうしてなのか」

その後、しばらくライブテストをやりたいということで、私たちのモデルのシグナルをネットを介して半年間ほど送り続けました。しかし、採用には至りませんでした……。

先述したとおり、ＡＩというブラックボックスは、判断基準の特定が難しいですし、説明しづらいのです。ヘッジファンドが不採用としたのは、まさにそうしたことが理由だったのでしょう。

ただ逆にいえば、この経験は、とても重要な示唆を与えてくれました。要するに、儲かるモデルだけでは駄目なのです。

過去に失敗したツイッターファンドもブログファンドも、バックテストでは抜群《ばつぐん》の成績を出していました。でも、いったん始めてみると思ったほど利益が出ずに、損失が出始めます。グーグルのインフルエンザ予測の失敗と同じ結果になってしまったのです。「ビッグデータのおごり（Big Data Hubris）」現象が起きていたことになりますね。

いくら大量のツイッターやブログを集めてきたところで、因果《いんが》の道理がモデルに存在しなければ、信頼できるはずがありません。そして、いったんモデルが信用できないとなると、もう大変。内容も、ロジックも、すべてがブラックボックスのモデルですから、どう対処していいか分かりません。

当然、お客様も不安になって解約したくなるでしょう。損失を出している原因が分からないのですから。そうして解約が殺到し、ファンドをクローズせざるを得ない状況に追い込まれたわけです。

どんなに優れたアルゴリズムを使っていても、相場を相手にしている限り、毎日利益を出すことは不可能です。損失を抱える時期は、当然、出てきます。そのときに、しっかり損失原因を特定できるようにモデルを設計しておく必要がある。ヘッジファンドへの営業経験は、その後の私たちの開発の方向性を、大きく決定づけました。

第8章

ヤフーのビッグデータのどこが凄いのか

ヤフー掲示板の書き込みと株価変動率の関係

ここまでＡＩ運用におけるモデル開発のセンスと、ビッグデータの重要性を、繰り返し説明してきました。この章では、ヤフーのビッグデータおよび取り組みについて、さらに詳しく説明します。そして、ＡＩ、株、投資信託との関係についての理解を深めていただきたいと思います。

インターネットの玄関に当たるポータルサイトが充実し、かつ利用者数が圧倒的に多い——これが、ヤフーのビッグデータの強みを生んでいます。

また、何といってもヤフー・ファイナンスがあることが、金融解析を行う私たちの立場からすると、素晴らしいヤフーのビッグデータの長所です。株式市場に関する正確な情報を無料で大量に公開しているので、多くの個人投資家は、ヤフー・ファイナンスをいろいろな形で利用しています。

たとえば、ヤフー・ファイナンスの掲示板などは、個人投資家の動向や意識を探る情報源として、論文などにも使われています。アメリカでは、「Yahoo! Inc.」（現・アルタバ）の掲示板の書き込み内容が、将来の株価変動率と深い相関関係にあるという研究結果が、一流の学術誌に掲載されて話題を呼びました。

この本の「まえがき」に記したように、私たちはヤフーの持つビッグデータすべてにアクセスできるようになったことで、使えるデータの種類と量が飛躍的に増え、投資モデルの品質が上がったという事実があります。それまではクローリングという手法で苦労しながら不完全なデータを収集していたのですが、いまでは、すべて簡単にアクセスできるわけです。それによってモデルのパフォーマンスが圧倒的に改善されました。

データ収集の手間がいらなくなっただけではなく、従来アクセスできなかったマルチビッグデータを触ることができるのは、今後も私たちのモデルがより高品質になっていくうえで欠かせません。

もちろん、こうしたデータは、多くのユーザーがヤフーのサービスを使ってくれているからこそ入手できるもの。それをお客様に還元するためには、日本の様々な領域の課題を解決することだというのがヤフーの考え方です。

ヤフーには、日本におけるあらゆるジャンルのビッグデータが集積されています。ヤフーやグーグルのようにインターネット事業を長期にわたって行っていない限り、本当の意味でのビッグデータを持つことは困難なのです。

このように私たちのＡＩは、ヤフーのビッグデータを学習することで大きく成長したわけですが、特に上場銘柄の情報を高い精度で把握することができるようになりました。

全上場銘柄は三六〇〇あまりもあって、名前も知らないような会社も上場しています。そういう会社にまで至る広範囲で精度の高いデータを網羅《もうら》するには、やはりヤフーぐらいの規模のビッグデータがないと難しいのです。

ヤフーのビッグデータを学習する以前の私たちのＡＩは、モデル構築のセンスは悪くないのですが、ビッグデータという意味では不完全だったので、全上場銘柄をくまなく探索してその上昇確率を計算するという芸当はできなかった、ということです。

アメリカで下がり日本で上がる信託報酬

創業当時、私たちは、クローリングで得た情報とブルームバーグから購入したニュースデータをＡＩに学習させていました。当時は、ヤフーのビッグデータの足元にも及ばない少量のデータをシコシコ集める作業に、毎日追われていたのです。それを動かしながら営業にも走り回っていました。

この時期の私たちの営業方法は、大手金融機関でＡＩ運用に関する講演を行い、その関係性のなかから技術を売り込み、「AIを使った運用モデルで投資ファンドをやりませんか」と声をかけるものでした。

大手金融機関を回るのは、とても不毛な仕事です。心のなかは極めて保守的で、常に現状変革に対し否定的なのに、資料ばかりを要求する。うまくまとまりそうになると、ほかの部署が出てきて、また一から説明を求められる。大手金融機関の人間は、概ねエリート意識は強いのですが、目は社会に向いているのではなく、上司に向いています。さらに上層部は監督官庁を意識し過ぎており、自ずとフットワークは重い……当然、商談は、まったく進みません。

彼らがいくら「これからはビッグデータの時代だ。ビッグデータを扱えなきゃいかん」といったとしても、やれることは高が知れています。それは、私たちが営業を通じて身に染みて分かったことです。

では、なぜ大手金融機関の人たちが頑《かたく》ななのかというと、彼らは古典的なファイナンス理論の枠組みから出られないからです。

たとえば、「金利が上がるから割引率が上がって株価が下がる」とか「業績が良くなるから株価が上がる」といった単純な説明ならば理解します。ところが、「投資家心理の歪《ゆが》

図表㉜　投資信託の信託報酬

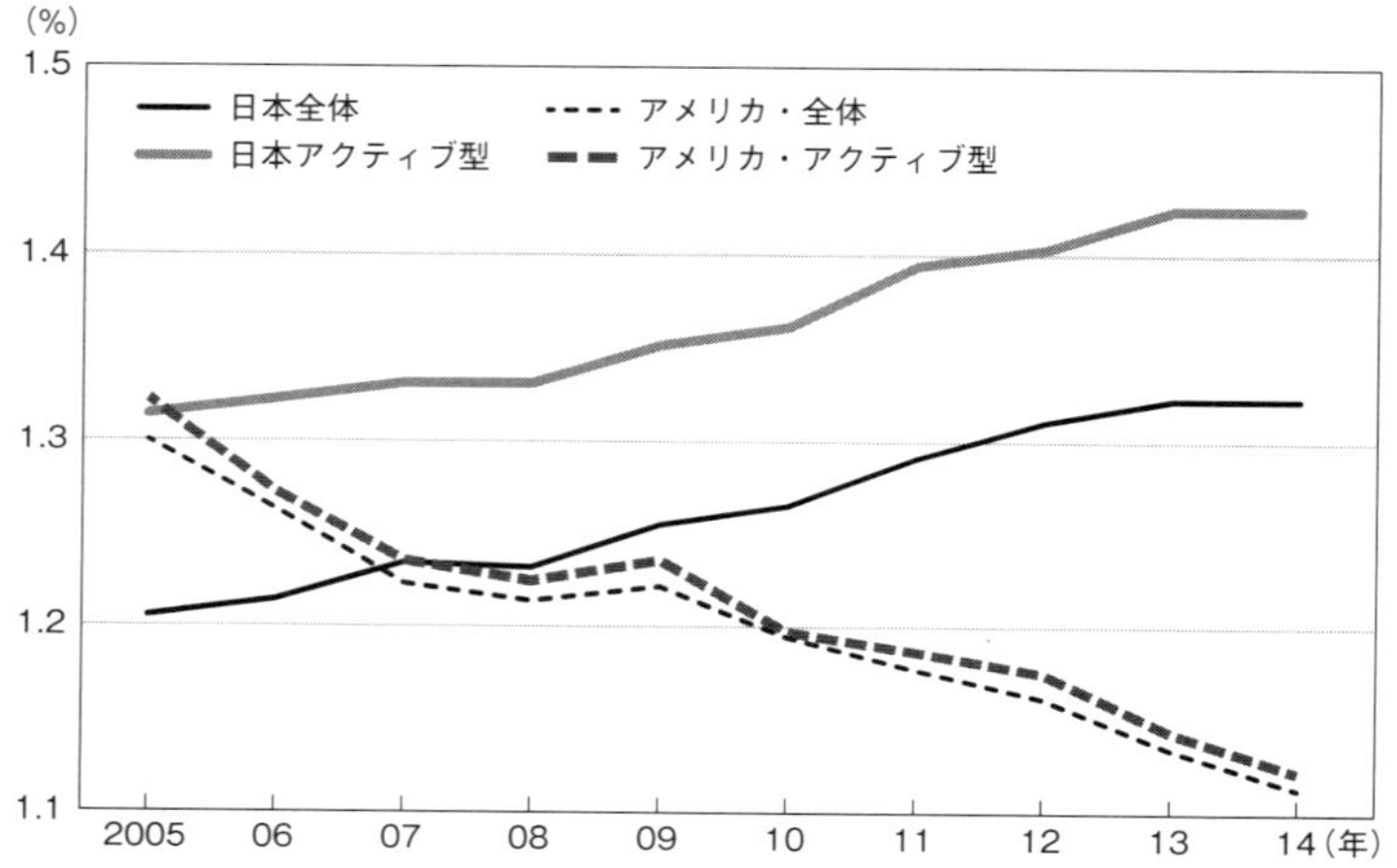

出所：「日本経済新聞」2015年10月24日付

みが株価に影響を与え、割安なタイミングで株が買えます。様々なビッグデータを使って、複雑な関数を学習しながら、心理の推定を行っています」といった行動経済学的な説明では、受け入れてもらえません。「どういうデータを使っているの」「どうしてそれが歪みを学習していることになるの」といった質問に対しては、機械学習アルゴリズムはデータから関係性を導き出すので、必ずしも明快な説明ができない場合があります。

「どうして君のモデルで勝っているのか、どう考えればいいのか分からない。ちゃんと細かいところまで因果関係に基づいて説明をしてくれないかな。ブラックボックスのままだと投資などできないよ」と、何度いわれたか分かりません。いまとなってはＡＩブームなので、さすがにそんなことはいわないかもしれませんが、二〇一二年ごろは確かにそうでした。

おそらく、彼らは本当に検討しようという気持ちなどなかったのでしょう。上層部に対し、新しいことをしているというアピールのために、話を聞いているふりをしたり、資料を要求したりしたのでしょう。

大手金融機関のそうしたガチガチの思考法は、私が銀行にいた三〇年前と何も変わっていません。金融界全体が変わっていないというか、むしろ悪くなっているのではないでしょうか。

お客様が投資信託などの金融商品を買う場合、最初に販売手数料を取られ、その後、毎年、信託報酬を支払わされます。近年、アメリカは投資信託の信託報酬が下がっているのに対し、日本では逆に上がっている始末（図表㉜参照）。

もっと悪いのは、投資信託を買わせて基準価格が少し上がったら、すぐに売却させて、次の金融商品を買わせようとすることです。投資は長期で考えるべきものだということは、エリート金融マンなら誰でも知っていることです。でも、手数料稼ぎのために回転売買をさせるのです。

これでは、どんなに良い投資信託に巡り合ったところで、いつまでたっても資産形成はできません。「お客様のために」という美辞麗句《びじれいく》の背後で、醜《みにく》い集金構造が透《す》けて見えますね。

「金融の民主化」を高らかに謳って

株式投資やファンドでは、手数料ばかり取られて誰も利益が上がっていないのかというと、そうでもありません。富裕層を対象とするプライベートバンクなどでは、ヘッジファンドに投資する場合が多いのですが、良いものに巡り会えば、とても高い運用成績が見込めます。金融機関も富裕層相手のビジネスは特別な対応をしますので、単純な手数料稼ぎに血眼《ちまなこ》になることはありません。

しかし、富裕層だけが最先端の金融商品を入手しやすくて、普通の投資家はありきたりの投資信託で高い手数料を払わされるというのでは、納得がいきません。私たちは、こうした「美味しい投資は一部の人たちのもの」という現状を変え、誰でも有効な投資をする機会を作りたいと思っています。そう、最先端のものを安く、しかも長期で――。

一方、ヤフーは、二〇一二年、人や社会の課題をＩＴで解決する「課題解決エンジン」というミッションを掲げています。その理念は会社に息づいており、拡大する形で、検索機能、ニュース、天気予報を手始めに、ショッピング、オークション、トラベル部門と、あらゆる分野の課題を解決するポータルサイトとして成長してきたのです。

いまや、毎日延べ九三〇〇万人という利用者を誇るまでに成長したのは、そうした利用者本位のコンセプトがあったがゆえのことでしょう。そんなヤフーが始めた金融サイトだけに、ヤフー・ファイナンスは、投資やマネーの総合情報サイトとして、株価やＩＰＯ（新規公開株式）、株主優待など、日本株情報のほか、外国為替や金利、投資信託や中国株、ニュースや企業情報など、ありとあらゆる情報がリアルタイムで、誰にでも簡単にスマホひとつで使えるようデザインされています。

こんなヤフーと私たちが提携したのは二〇一五年一一月。機械学習アルゴリズムの技術とビッグデータという、それぞれが相手に求めていたものが合致したからこその提携であったのは、間違いありません。それに加え、ヤフーの「課題解決エンジン」という理念と、「日本の金融を何とかしなければいけない」という私たちの思いが合致したからこそ提携に至ったのです。

私たちのコンセプトでは、「金融の民主化」を謳《うた》っています。事実、誰にでも利益が上がるチャンスがなければ、日本経済の未来はないと、私は確信しています。「金融の民主化」が成功するかどうかは、ＡＩ技術で日本人の株式投資に対する意識を変えられるかどうかにかかっています。

ＡＩの設計者にも相場のセンスが求められる

すでにヘッジファンドの世界には、ＡＩを活用して高い成績を上げている運用会社がいくつかあるとされます。近い将来、多くの投資銀行や証券会社が、ＡＩを使って株式運用することを謳う金融商品を提供し始め、ＡＩファンドは一般的になるでしょう。しかし、当初はＡＩという物珍しさから注目を浴びますが、当然、玉石混淆《ぎょくせきこんこう》となります。

ＡＩはあくまでも機械学習アルゴリズムというツールの総称です。それを使うだけで利益が上がるわけではありません。ＡＩの設計者にも相場のセンスが求められるのです。どういうデータで学習するのか、何を目的関数にするのか、それらによって完成するモデルはまったく異なり、良いものができるかどうかは、設計者に委《ゆだ》ねられているからです。

私たちはＡＩの国家研究プロジェクトから生まれたベンチャー企業ですから、アカデミアと強いパイプを持っています。平たくいえば、日本の代表的アルゴリズム研究者はみな、お友だちなのです。

たとえば現在、中心になって開発を担っている人物は、金融革命を起こすという趣旨に共感してくれて、大学の研究者ポストを蹴って入社した世界的なＡＩ研究者です。ほかにも、こちらのほうが面白そうだと、博士号を取る直前に入社してくれた人もいます。彼らで解決できない問題や時間がかかるアルゴリズムの研究は、理化学研究所の革新知能統合研究センターや各大学と共同研究することで補っています。

一般に金融機関と大学との共同研究というのはよくあります。しかし、これはあまり成果が上がっていません。それは、目的がまったく一致しないからです。研究者は論文を書いて業績を作りたい、金融機関はお金を儲けたいのですから、いわば同床異夢《どうしょういむ》なのです。

一方、私たちの共同研究のあり方は、ぜんぜん違います。私たちはほぼ全員が研究畑の出身ですから、どういうタスクを切り分け、研究課題として外部の研究者に投げたらよいかというツボを、十分に理解しているのです。

だからこそ、共同研究の成果が上がりやすい。私たちほど上手に日本の知を結集し、投資モデルを開発している企業は、ほかにはありません。少なくとも、そう自負しています。

また、ヤフーのビッグデータを研究に使えるのは、実は研究者にとっては非常に魅力的なことなのです。世界でも稀《まれ》な研究成果がどんどん出せるのですから。

国内のAI投資信託を取材すると

さて、AIを使って運用していると謳う各ファンドの特徴はどうでしょうか。

たとえばA社の場合、有価証券報告書やニュースなどのテキスト情報を大量に処理し、銘柄についての評価をまとめています。これは、ファンドマネージャーがやってきた作業の一部を機械に代替《だいたい》させるという取り組みだといえます。

AIは文章を読んで分類するという作業に使われているようですが、テキストデータのみに依存したモデルだといえるでしょう。一定の効果は認められると思いますが、やはりマルチビッグデータの持つ可能性と比較すると小粒な印象です。

次はB社の場合。ボックス相場（上がったり下がったりを一定の幅で繰り返している相場）か、トレンド相場（一定の方向を目指して動く相場）かをAIで見分けようという取り組みです。しかし、株価の罫線は、単に過去の軌跡であり、株価指数の軌跡を見ることは、多くの銘柄の過去から現在の平均値の推移を見ているだけです。この商品の開発者の講演を聴きに行きましたが、「そもそも株価はランダムウォークではない」という主張でした。

——私たちの「ランダムな系列を予測しようとはしない」という立場とは、異なる視点のモデル開発です。

そしてＣ社の場合。世界株式のＥＴＦ（株価指数連動型上場投信）に分散して投資しているだけで、ＡＩに判断させている形跡はありません。

いわゆるロボアドバイザーと呼ばれる種類のサービスも、当初はＡＩ活用を謳っていましたが、基本的にはＡＩが介在する余地は限定的。ユーザーの属性やリスクに対する質問をいくつか投げかけて、「あなたでしたら、まだお若いのですから、株式の割合をもう少し高めましょう」「あなたは退職時期も近いですし、安全な債券を多めに持つようにしましょう」といったアドバイスをしてくれるだけです。

国家研究プロジェクトを源流とするゆえに

日本では現状、ＡＩに対する理解がかなり遅れています。ＡＩは魔法の杖《つえ》だと勘違いしている業界人もいるし、その限界を認識しながら、あわよくばブームに乗っかろうという山《やま》っ気《け》のある金融関係者が多いように思われます。

ＡＩを真に理解せずに、闇雲《やみくも》にビッグデータを使えば、ブラックボックスから答えが出て来る、などという程度の理解では、一時的には利益が出ても、永続性は疑わしいと考えます。

また次のような報道もありました。

〈人工知能が株式市場で存在感、学識者驚く的中率六八％―将来八割も〉

（「ブルームバーグ」二〇一六年二月一八日付）

これは、二〇一二年からの四年間のＡＩを使った日経平均株価の水準予測の的中率が、六八％になったという内容の記事です。これは本当でしょうか。ＡＩによる判断で正答率が六八％であれば、世界の富はすぐに、このＡＩを使った運用会社に吸収されるでしょうからね。言い過ぎではないでしょうか。

その点、手前味噌《てまえみそ》になりますが、ＡＩに株価を判断させる研究に関しては、世界的に見ても、私たちはかなり早くから着手しています。また、出自がコンピューターサイエンスの国家研究プロジェクトですので、日本にいる主たるＡＩ研究者は、同じ釜の飯を食った仲間でもあります。結果、様々な問題を相談できる関係性があります。

ですから、日本の金融業界で私たちと同じ水準でアプローチしているところは、ほとんど存在しないと自負しています。現状では、有力な競争相手は、日本にはいません。

アメリカのＡＩファンドの元気度は

世界に目を向けると、どうでしょうか。世界の株式にビッグデータ分析を行って投資するファンド、ＧＳグローバル・ビッグデータ投資戦略を取り上げてみましょう。この会社も、ＡＩを使ってビッグデータを解析して行う投資を謳っています。

果たしてこのファンドが、ＡＩによって、株価指数よりも良い運用ができているのかどうか。一覧を見るだけでは判断が難しいところです。日本を含む世界の銘柄に投資していて、何割がアメリカの大型株で、何割が小型株なのかという区別が付きにくいですし、どのようなアルゴリズムのＡＩを使っているかも分かりませんから。

動きから判断すると、アメリカの小型株に対して大きなウェートを乗せて運用しているようですが、はっきりしませんね。

ほかにも有望なAIファンドはいくつか存在します。なかでも本気でAIを活用しているファンドとして挙げられるのが、ルネッサンス・テクノロジーズとツーシグマという、アメリカの二社です。

前者は物理学者ジェームズ・シモンズが一九八二年に創業した世界有数のヘッジファンドで、その運用額は約四兆円といわれています。数学、物理学、統計学といった各分野の専門家が多数在籍しており、かなり早い段階からAIに着目しています。日本株の売買も積極的なので、注目している投資家も多いようです。

後者のツーシグマは、数学者であるオーバーデックと、マサチューセッツ工科大学（MIT）でコンピューター科学の博士号を取得後、チューダー・インベストメントで最高情報責任者（CIO）を務めたシーゲルの二人が、二〇〇一年に設立したヘッジファンドです。この会社にも統計学者や数学者ら精鋭が多数在籍し、開発した複数のモデルによって莫大《ばくだい》なリターンがもたらされています。

このほか、第1章で紹介したチューダー・インベストメントもAIの研究や関連企業への投資を進めており、AIによる運用へと軸足を移しつつあります。

どのような企業が出てくるにしても、国内外を問わず、近い将来、金融業界もＡＩが不可欠の業界になるでしょう。しかし、何度も繰り返すようですが、キーになるのはモデルを作るセンスとビッグデータです。

チューダー・インベストメントがグーグルのビッグデータを使えるようになるとは、とうてい思えませんし、いくら巨大な企業でも、ヤフーやグーグルのビッグデータに匹敵するものを自社で蓄積するのは、一朝一夕《いっちょういっせき》にできることではありません。

世界レベルでいえば、ＡＩの優秀な研究者はごまんといるので、最終的には、金融のセンスをどうＡＩでモデル化するか、そのための良質なビッグデータをどう取得するか、爆発的に増加するデータを時間内に計算させるための計算資源をどう確保していくか、こうした分野の競争になると思われます。

終章

個人投資家がビッグデータとAIで一億円を作る方法

株式売買自動化プログラムでトレーダーが不要に

二〇一七年二月にショッキングなニュースが伝えられました。

〈ニューヨークにあるゴールドマン・サックス本社の米国株の取引部門には、最盛期の二〇〇〇年に六〇〇人のトレーダーが在籍し、大口顧客の投資銀行の注文に応じ、株を売買していた。現在、この部門にはたった二人しか残っていない。

株式売買の自動化プログラムが、他のトレーダーの職を奪ったのだ。プログラムを支えるのは二〇〇人のコンピューター・エンジニアだ。ゴールドマン・サックスのマーティ・チャベス次席財務責任者（元最高情報責任者）は、経済活動へのコンピューティングの影響に関するシンポジウム（主催はハーバード大学応用計算科学研究所）で、株式売買の自動化をめぐる一部始終を説明した。

全世界の株式取引の頂点であるニューヨークでトレーダーがコンピューターに仕事を奪われたことは、ゴールドマン・サックスで起きた変化のごく初期の一例に過ぎない。ウォール街の他の証券会社も、取引のコンピューター化を手始めに、ここ五年で自動化を進めており、変化は以前なら人間の独擅場だった領域まで及びつつある。四月に最高財務責任者に就任するチャベス次席財務責任者は、為替等の取引業務、さらに投資銀行業務といった事業の一部も、株式の取引同様、自動化に向かっているという〉

（「MIT Technology Review」二〇一七年二月七日付）．

ウォール街のエリートたちもＡＩに仕事が代替されてしまう時代がやってきた、ということですね。

金融業界の仕事は意外にルーティンワークになっている部分も多いので、その部分はどんどん機械に代替されることでしょう。

まあ、これまで有名企業に勤務しているというだけで、それほど大した仕事をしていなくても高禄《こうろく》を食《は》んできた人たちがいなくなるというだけですから、個人的には、それはそれで良いのではないかと思います。

この終章では、いよいよ一般的な個人投資家が、実際に一億円を蓄財する方法について紹介したいと思います。

銘柄選択を完全にＡＩに任せたファンドは

金融業界でＡＩという言葉を目にするようになったのは、二〇一四年ごろからですが、当初は、「え、そんなの、ぜんぜんＡＩと関係ないじゃん」といったような金融商品が、ＡＩを謳っていました。

たとえば先述のロボアドバイザーというビジネスです。ＡＩを使ってお客様にいくつかの質問を投げかけて、その回答をベースに良い金融商品を選択してあげます、というもの。こうしたサービスを提供するベンチャー企業は、日本にもいくつかあります。

ただ、たいしたことをしているわけではありません。単純な計算で提供可能なレベルのサービスですね。平たくいえば、年齢が若い人には、できるだけ世界の株式指数に連動するようなＥＴＦを紹介し、高齢者や安定を志向するお客様には債券を中心とした運用を勧める、というだけですから。ＡＩと呼ばれるアルゴリズムが介在する余地は、まったくないのです。でも、最初はこういうサービスもＡＩだと報道されていました。

その後、次第にＡＩに対する理解が進んでいきました。とりわけＡＩが囲碁名人を破ったあたりから、未来的なＡＩに対するイメージが広く一般に知れわたったといえるでしょう。ただ、囲碁名人がＡＩに敗れると同時に、ＡＩに対する過度な期待や不安も生まれたようです。ＡＩによって世界が支配されるという未来映画のイメージを語る人も出てきました。いわゆる映画『ターミネーター』の世界です。

そういう未来が来るかどうか私には分かりませんが、現在、金融における最先端は、どうやって銘柄を選択するかという勝負にＡＩが勝つかどうかです。

決まりきったルーティンを誰よりも速く正確に行うことは、ＡＩは得意です。囲碁は、あらゆる指し手を計算し、相手の陣地を奪うという複雑なゲームですが、一貫したルールがあるという意味で、ＡＩの得意な分野であるといえるでしょう。その意味ではチェスや将棋も同じです。

しかし資産運用の世界では、ときどきルールが変わります。金融危機以前の市場とそれ以降の市場ではまったく様相が異なりますし、金融危機そのものも、突然やってきました。そのようなルールがない世界で、ＡＩがどこまで自律的に銘柄を選択することができるのか、という疑問があるわけです。

現段階では、銘柄選択を完全にＡＩに任せて投資を行っているファンドは数が限られていると思います。日本ではおそらく私たちを含めて二社ではないでしょうか。

しかも、モデルを一度作ったら終わり、ということにはならないのです。常に市場は変化し続けていますから、モデルの更新が必要です。

自然科学と社会科学の大きな違いは、相手が自然なのか人間なのかということ。人間の場合、その意思決定を完全に記述するモデルの作成は困難を極めるわけです。社会のあり方やムードによって、市場の反応が常に変化していくのですから、運用モデルも、それに合わせて進化・深化させていく必要があります。

「将来的にはＡＩが運用して、寝ていても儲かるようになるんですか」などと聞かれることが多いのですが、決してそうはならないでしょう。ＡＩという有効なツールを手に入れた、新しい資産運用競争が始まるのだと思います。

二〇年間手を付けないお金ならどうする

株式投資をギャンブルみたいに勝った負けたと考えるのはやめましょう。長期的な資産形成をするのが株式投資なのですから。金融商品としては、目先の利益を語るものはすべて怪しいと考えて間違いありません。これまでの金融商品のなかには、複雑なオプションという仕組みを組み込んで、目先の利益が上がったように見えるものが売られていましたが、買って良かったという人をあまり知りません。

株というものは、日々、上がったり下がったり変動します。「この上がり下がりが気になるんだよな、だから株は嫌いだ」ということで、株を避けて銀行に預けている人は多いでしょう。

あるいは、いつでも引き出せるという便利さから、多くの人が銀行預金を利用しています。家賃や光熱費は銀行の自動引き落としが便利なので、生活費の引き落としのために銀行に口座を作るのは当然。こういう口座のことを流動性預金といいます。一方、貯蓄のために定期預金をしている人も多いでしょう。でも、こうした預金だけで資産形成を考えるのは良くありません。

仮に、老後のための貯蓄であり、絶対に二〇年間は手を付けなくても大丈夫というお金があるなら、長期投資をしたほうがずっとお得です。私が長期投資を勧める理由はここにあります。

知らぬ間に一億円を作る方法

お金に働いてもらうためには、やはり株式投資が必要です。それをＡＩファンドによって行い、一億円を貯めるための金額シミュレーションを、ここに記したいと思います。

まず残念ですが、「この銘柄をいま買って、半年後に売ると儲かる」という予測は、AＩにはできません（もちろん、どんな人間にもできませんが）。AＩには個別銘柄の未来を予測することが難しいので、短期間で儲けを出すことはできない。でも、二〇年間の投資であれば、株価指数に投資しているだけでも、ほぼ確実に銀行預金より良い利率を受け取ることができます。

これが先述した「株式プレミアム」で、上がったり下がったりして冷や冷やする状況を我慢すれば、ご褒美《ほうび》としてプレミアムを受け取れますよ、という意味です。このプレミアムが日本の場合、幾何平均で三・八％だという統計を先にご紹介しました。株価指数に投資しているだけで、銀行預金よりも三・八％も上乗せされるわけです。

一方、私たちが開発したAＩで運用し、過去一〇年間でシミュレーションすると、株価指数を五％上回っていました。

さて、株価指数プラス五％の運用を長期にわたって行うとして、どのくらいで一億円の資産形成が可能かを見てみましょう。

大卒で就職したら仕事人生の始まりは二二～二三歳ですから、定年が延長される最近の

図表㉝ 毎月２万3000円の貯蓄を40年間したときの資産額

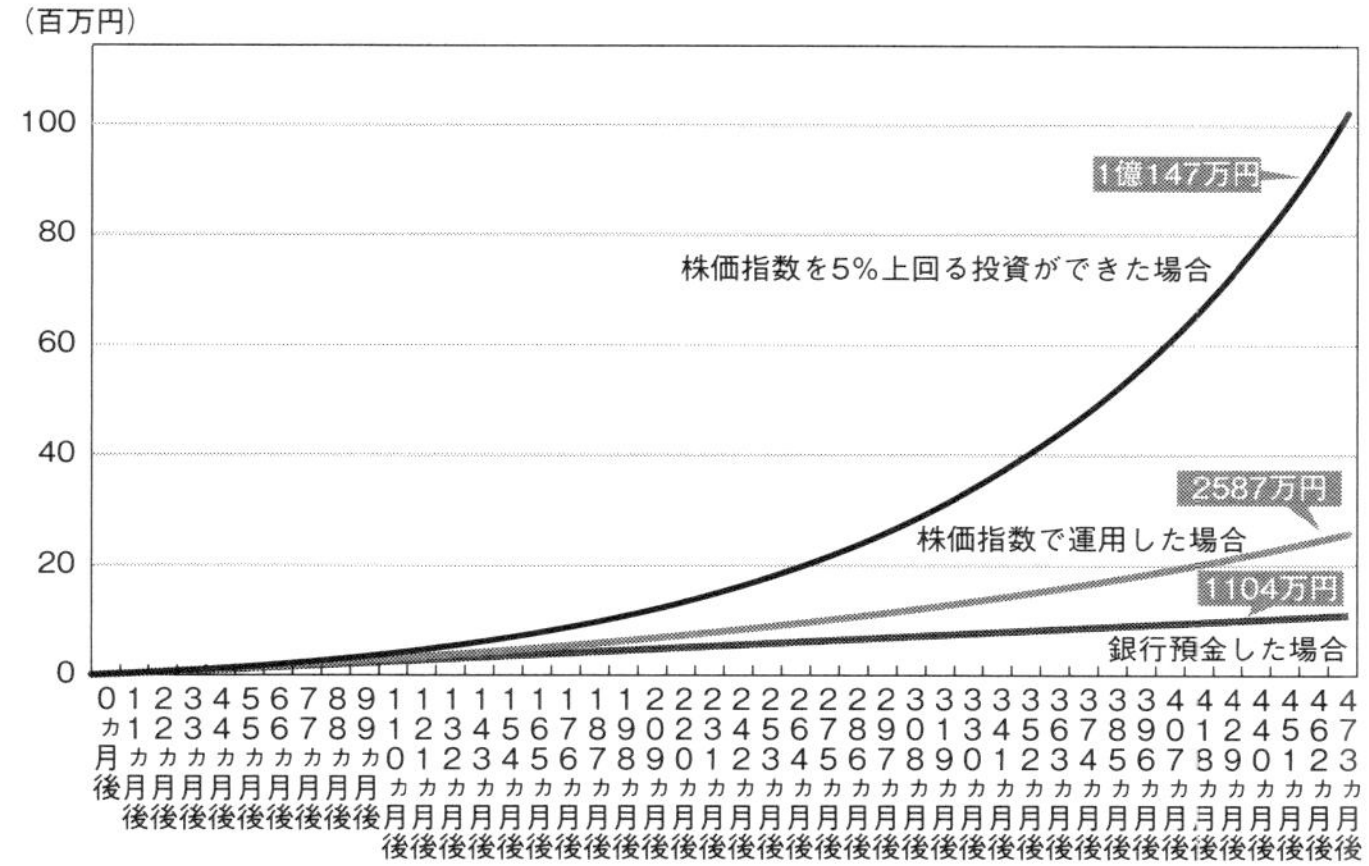

＊図表は筆者による作成

傾向を考慮に入れて、概《おおむ》ね仕事人生は四〇年だと考えましょう。四〇年のあいだで、知らないうちに一億円が貯まっていれば、こんなに素晴らしいことはありませんね。

これは、株価指数を五％上回る投資ができれば、複利のパワーも相まって、それほど難しいことではありません。図表㉝をご覧ください。

ここから分かるように、たった二万三〇〇〇円を毎月積み立てに回すだけで、株価指数を五％上回る投資ができれば、退職時には一億円が自動的に蓄財できるわけです。一方、仮に毎月二万三〇〇〇円積み立てて、単純に株価指数に投資した場合は二五八七万円……それでも四〇年間の効果は凄いですね。

ただ銀行預金の場合は、一一〇四万円にしかなりません。こう書くと、預金金利を〇％と考えているからではないかと、お叱《しか》りを受けそうですが、実は実質金利で考えれば、銀行金利はほとんど〇％なのです。銀行預金で増えるのは、物価上昇分だけと考えていいでしょう。

ここの計算根拠の三・八％という値は、過去一一〇年のデータから銀行預金よりも年率三・八％株式のほうが平均して高いという、先述（九三ページ）のオックスフォード大学の研究結果を使っています。ですから、仮に今後四〇年の間にインフレが起こったとしても、いまの一億円の価値相当の蓄財ができると考えてください。

前ページの図表㉝は年率三・八％という株式リスクプレミアムをベースに描いていま す。株式投資ですから、これよりも高い収益率が出る年や、マイナスとなる年もあるでしょう。だからこんなに綺麗なカーブにはなりませんが、四〇年後の到達ポイントとしては、それほど変わらないといえます。

ポイントは二つ。毎月二万三〇〇〇円は、どこかに消えたものだと思って途中で残高を確かめないこと（残高を確かめて増えていると売りたくなってしまうものです）と、絶対四〇年後までは蓋《ふた》を開けない長期投資を心に決めることです。

最良のケースは、株価指数を毎年五％超えるような投資信託を保有することです。そのため私たちは、それをお客様に提供することを目標に、ＡＩを開発し、日々研鑽《けんさん》に励んでいるのです。

四〇年も投資期間がない人へ

ただ、確かに四〇年というのは長い道のりですね。積立投資を考え始めるのは四〇歳くらいの人も多いでしょうから、そういう場合はどうしたらよいのでしょうか。

答えは簡単です。どんな投資期間であれ、ある程度長期的に保有できるお金であれば、絶対に積立投資をするべきです。

投資期間が二〇年でも一〇年でも、やはり積み立ては有効です。期間が短くなれば、三・八％という平均値はだんだんぶれてきます。もっと高いかもしれませんし、もっと低いかもしれません。不確実性が増すわけです。

けれども、株価が安定しない時期でも、積み立ては効力を発揮します。毎月一〇万円を貯蓄したとして、過去二〇年間を考えてみましょう。

図表㉞　1998年1月から2017年9月まで毎月10万円を積み立てたときの資産額

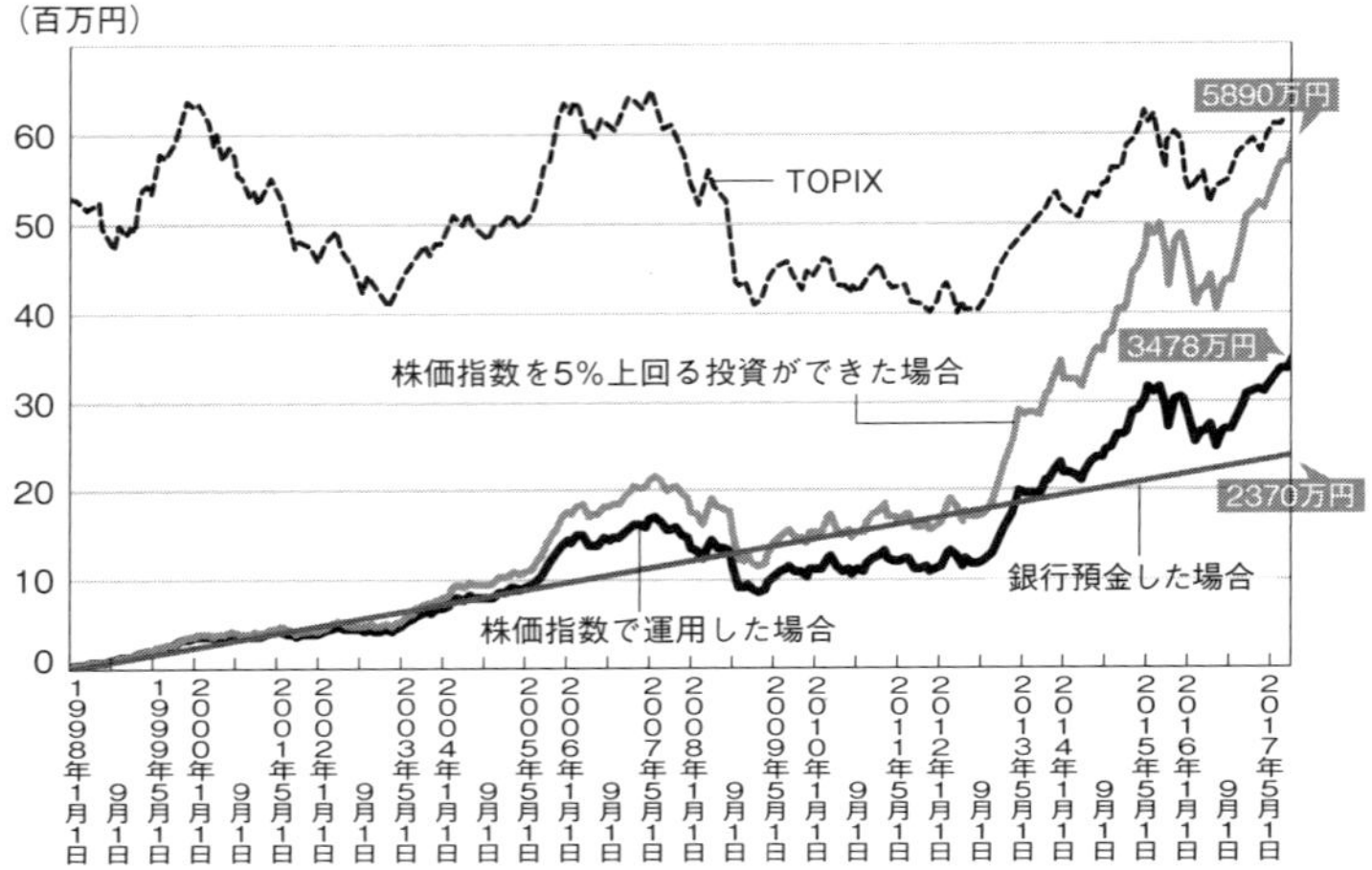

＊図表は筆者による作成

図表㉞をご覧ください。

点線のグラフは東証株価指数ＴＯＰＩＸの過去二〇年の推移。激動の二〇年だったことが分かります。

まず、二〇〇〇年にはＩＴバブルが崩壊します。その後二〇〇一年には、九・一一同時多発テロがあり、その後二〇〇三年のアメリカ軍によるイラク侵攻へとつながります。二〇〇五年くらいから景気は良くなるものの、二〇〇八年にはリーマン・ショックが発生して、金融危機へと突入します。その傷が少し癒《い》えかけたかと思うと、二〇一一年には東日本大震災が日本を襲い、最悪の国難たる原発事故が発生します。

本当に、次から次へと様々な危機が日本を襲った二〇年だったといえるでしょう。

――このような厳しい二〇年間に、日本株積立投資をしていたらどうなったのでしょうか。直線が銀行預金をしていた場合の残高で、黒の太線が株価指数で運用していた場合の資産の推移です。

ここに示した資産運用の結果を意外に思う人もいるでしょう。でも明白な結果でした。株式に長期投資している投資家は、銀行預金よりもずっと蓄財ができたのです。

毎月一〇万円ずつ現金で貯めた場合は二三七〇万円にしかなりませんが、株価指数を毎月購入した人は三四七八万円になっています。株価指数を五％上回る投資信託に投資しておけば五八九〇万円にもなるのです。

では、これからの二〇年で一億円を作るには、いったいどれだけ積み立てれば良いのでしょうか――。

もちろん、それは次の二〇年がどのような時代になるかに大きく依存します。でも、激動の時代を経た過去一一〇年のデータから、「戦争やハイパーインフレなどいろいろあったけれど、長期間を均《なら》してみると平均的に三・八％の株式プレミアムがもらえた」というのが事実です。これからの激動の時代も同じくらいの株式プレミアムは期待できるはずです。

　すると、仮に株価指数を毎年五％超える株式投信で運用できるのであれば、月に一三万三九〇〇円ずつ積み立てることで一億円貯蓄できる、という計算になります。数％という差が、二〇年という期間で大きな違いになることを実感していただけると思います。

　ここまでの説明で、ＡＩを使ったファンドの成功が、いかに社会の課題解決に役立つかお分かりになったでしょうか。これから資産形成を考える人は、目先の動向ではなく、長期的プランに沿って投資を始めていただきたいと思います。

　ＡＩを使ったファンドは次々に生まれつつあり、ネットでも、あるいは銀行や証券会社の窓口でも、簡単に購入できます。読者の方々も、ぜひ、ご自分に合った商品を見つけてください。

　かくいう私たちはビッグデータという強い武器を得たのですから、今後とも日本の金融の民主化と、個人投資家の資産の形成のために、粉骨砕身《ふんこつさいしん》、努めていくと宣言いたします。そしてファンドがその成果を確実なものにした暁《あかつき》には、お客様のためにならないファンドマネージャーの全員が失職することになると、ここに断言いたします。

あとがき――お金に働いてもらう楽しさをすべての人に

ＡＩによって多くの仕事が奪われてしまうという懸念は、いま様々な分野に広がっています。ただ、これは多くの誤解を含んでいると考えていいでしょう。

この誤解のことを経済学では「労働塊《ろうどうかい》の誤謬《ごびゅう》」（Lump of Labor Fallacy）と呼んでいます。労働の量は一定なのだから、誰かが効率的な労働をしてしまうと、その分仕事がなくなってしまうという誤解です。

こうした誤解をする人は、機械化が進むと労働が奪われてしまい、失業率が上がるのではないか、移民を受け入れると移民に仕事を奪われてしまうのではないか、労働生産性が上がると仕事がなくなってしまうのではないか、などなど次々に不安を列挙し、変化を拒《こば》もうとします。

ただ、これは誤りだということが分かっています。過去にも機械化が進み、生産性が上昇したことで国は富み、人々の生活水準は向上し、新たな産業が生まれ、経済はより発展してきました。ＡＩで代替される仕事が多くなったとしても、その後に新たな産業が生まれますので、何も怖れる必要はないのです。

さて、そんななか、本書では「ファンドマネージャーは全員失業する！」という刺激的なコンセプトを発したわけですが、掛け値なしに、従来型のファンドマネージャーの仕事がＡＩに代替される時代は迫っています。

そもそもデータに基づいて判断を行う仕事には、人間よりも機械のほうが向いているのは明らかです。ＡＩは、初めのうちはファンドマネージャーの意思決定ツールのひとつとして採用される程度でしょうが、やがて、フルオートマチックに資産運用を司《つかさど》る時代が来るでしょう。

これは一般の投資家にとっては朗報です。高度な仕事だと思われていた資産運用の仕事が、機械でできるようになることで、劇的な価格破壊を起こすからです。

冷静に考えてみれば、金融の世界ほど顧客が不要な手数料を支払わされている領域も稀《まれ》でしょう。金融機関は社会的信用が高いことをいいことに、顧客は結構、カモにされています。

たとえば近年、金融庁が問題にしているのは、投資信託の回転売買です。これは投資信託を購入する際の販売手数料二～三％をどんどん稼《かせ》いでいこうとする、販売会社の「裏ワザ」です。二〇年間投資しようとする人が、最初だけこの程度の手数料を支払うというのならまだしも、一度買った投信を数ヵ月のうちに売却させ、また別の投信に乗り換えさせ、そうして手数料を稼ぐのです。

このような営業スタイルが、金融機関の販売会社で長年、常態化していました。こんなことをしていては、どんなに優秀なファンドマネージャーの投信を買ったところで、決して資産形成は実現できません。

しかし、ＡＩが運用すれば高い人件費はかからないわけですから、当然、高い手数料は正当化されません。手数料が安くなり、さらに運用成績も人間がやるよりは良いということになれば、多くの投資家は、回転売買の誘いに応じなくなるでしょう。

しかし、そうなってこそ初めて、長期の資産形成が可能になるのです。こうした環境を整えることで、日本では、ようやく貯蓄から投資へという流れが定着するのだと思います。

私たちも微力ながら、日本の金融のあり方を変えたいという夢を持って、日々、ＡＩによる運用モデルの研究開発に勤《いそ》しんでいます。

お金に働いてもらう楽しさをすべての人にお届けする。誰でも簡単に長期の資産形成ができるように、日本の金融を変える。これらの活動で金融を民主化することが、私たちの夢です。

二〇一八年四月

岡田《おかだ》克彦《かつひこ》

主要参考文献

・バートン・マルキール著　井手正介訳『ウォール街のランダム・ウォーカー』日本経済新聞出版社
・岡田克彦、羽室行信、ステファニー・チュング（二〇一七）、「株式に旬はあるか？」証券アナリストジャーナル五五（三）
・林大祐、羽室行信、岡田克彦、湊真一「株価データベースに対する週次パタンマイニングとその評価」第一五回情報科学技術フォーラム（第一五回）、富山大学五福キャンパス、二〇一六年九月九日
・羽室行信、岡田克彦、ステファニー・チュング「銘柄類似度グラフの時系列構造変化に基づく株価予測」二〇一六年度人工知能学会（第三〇回）、北九州国際会議場、二〇一六年六月八日
・岡田克彦、羽室行信、ステファニー・チュング、「Detecting Market Seasonality, A Period Mining Approach」二〇一六年度人工知能学会（第三〇回）、北九州国際会議場、二〇一六年六月八日

・岡田克彦・羽室行信（二〇一一）、「相場の感情とその変動」証券アナリストジャーナル四九（八）
・黒橋禎夫、河原大輔（二〇〇〇）、「京都大学自然言語処理ツール」情報処理学会研究報告自然言語処理研究会報告二〇〇〇（一三七）、九一
・羽室行信・岡田克彦（二〇一七）、「ハーディングの『相』解析と底検知」証券アナリストジャーナル 五五（一〇）
・J. Bollen, H. Mao and X. Zeng(2011), "Twitter mood predicts the stock market," Journal of Computational Science,2(1)
・D. Butler, (2013), "When Google got flu wrong," Nature, Vol.494
・S.C. Chang, S.S. Chen, R.K. Chou and Y.H. Lin,(2008), "Weather and intraday patterns in stock returns and trading activity," Journal of Banking & Finance, Vol.32
・J. Ginsberg, M.H. Mohebbi, R.S. Patel, L. Brammer, M.S. Smolinski and L. Brilliant,(2009), "Detecting influenza epidemics using search engine query data," Nature, Vol.457
・D. Hirshleifer, T. Shumway,(2003), "Good Day Sunshine: Stock Returns and the Weather," The Journal of Finance, Vol.58

・M. Kamstra, L. Kramer, and M. Levi,(2003), "Winter Blues: A SAD Stock Market Cycle," American Economic Review, Vol.93

・H. Kanayama, T. Nasukawa, (2006), "Fully Automatic Lexicon Expansion for Domain-oriented Sentiment Analysis," Proceedings of the 2006 Conference on Empirical Methods in Natural Language Processing, Sydney

・M.G. Kendall, A.B. Hill, (1953), "The Analysis of Economic Time-Series-Part I: Prices," Journal of the Royal Statistical Society. Series A, Vol.116,1

・S.A. Nelson(1902), "The ABC of Stock Speculation," Nelson's Wall Street Library, vol. V. New York

・P.M. Polgreen, Y. Chen, D.M. Pennock, F.D. Nelson and R.A. Weinstein,(2008), "Using Internet Searches for Influenza Surveillance," Clinical Infectious Diseases, Vol.47,11

・S. Sakakibara, T. Yamasaki and K. Okada, (2013), "The Calendar Structure of the Japanese Stock Market: The 'Sell in May Effect' versus the 'Dekansho-bushi Effect'," International Review of Finance, Vol.13,2

著者略歴

岡田克彦（おかだ・かつひこ）

一九六三年、兵庫県に生まれる。関西学院大学大学院経営戦略研究科教授。Magne-Max Capital Management社CEO／CIO。ワシントン大学大学院でMBAを取得。神戸大学大学院博士後期課程修了。博士（経営学）。モルガン・スタンレーとUBS証券でデリバティブ・トレーディングと資産運用に従事。その後、シンガポールでヘッジファンド運用会社を共同経営したあと、研究活動に主軸を移す。専門は行動ファイナンス。行動経済学会会長。
著書には『図解でわかる行動ファイナンス入門』（秀和システム）、共著には『人生に失敗する18の錯覚 行動経済学から学ぶ想像力の正しい使い方』（講談社＋α新書）などがある。

Ｙａｈｏｏ！ ＪＡＰＡＮのビッグデータとＡＩが教《おし》える21世紀《せいき》の投資《とうし》戦略《せんりゃく》

二〇一八年四月二五日　第一刷発行

著者――岡田克彦《おかだかつひこ》

カバー写真――Ｙａｈｏｏ！ ＪＡＰＡＮ

本文組版――朝日メディアインターナショナル株式会社

装幀――川島 進

発行者――渡瀬昌彦　**発行所**――株式会社講談社
東京都文京区音羽二丁目一二―二一　郵便番号一一二―八〇〇一
電話　編集 〇三―五三九五―三五二二　販売 〇三―五三九五―四四一五　業務 〇三―五三九五―三六一五

印刷所――慶昌堂印刷株式会社　**製本所**――国宝社

落丁本・乱丁本は購入書店名を明記のうえ、小社業務あてにお送りください。送料小社負担にてお取り替えいたします。
なお、この本の内容についてのお問い合わせは、第一事業局企画部あてにお願いいたします。

ISBN978-4-06-221038-6

定価はカバーに表示してあります。